*Recueil des plus curieux et rares secrets
touchant la médecine métallique et minérale*

Copyright © 2018

Éditions Unicursal Publishers
www.unicursalpub.com

ISBN 978-2-924859-62-9

Première Édition, Beltane 2018

Tous droits réservés pour tous les pays.

*Recueil des plus curieux
et rares secrets touchant
la médecine métallique
et minérale*

Tirés des Manuscrits
de feu Mre Joseph Duchesne
Sieur de la Violette
Conseiller et Médecin ordinaire du Roi

———

1641

Portrait de Joseph Duchesne
Sieur de la Violette

Joseph DUCHESNE, plus connu sous le nom latinisé de QUERCETANUS, natif d'Armagnac en Gascogne, n'eut pas le même sort que son compatriote Penot. Les médicaments chimiques devinrent pour lui une mine d'or. Il séjourna longtemps en Allemagne; et, après son retour, il fut attaché, comme médecin, à la cour de Henri IV. (F. Hœfer histoire de la chimie 2ᵉ éd. 1866).

L'IMPRIMEUR AU LECTEUR

L'estime que toute l'Europe a fait de feu Monsieur de la Violette et que ses écrits rendront immortelle tant les sciences auront du crédit, m'a fait croire absolument que ce qui venait de sa main ne pouvait être recherché avec trop de soin, ni reçu qu'avec des approbations générales. Le Ciel ne fait pas tous les jours des miracles, ni la nature de ces grands génies à qui elle déclare ses secrets. Voici ce qu'elle a de plus rare, et je puis dire sans vanité qu'on ne peut rien ajouter à ces recueils si ce n'est leur seconde partie. Je vous en promets tout haut la communication et d'autres pièces encore sorties de ce même cabinet, si vous témoignez de votre pet autant de curiosités pour ce livre qu'il a de mérites et moi de zèle pour vous servir. À Dieu.

Traité de la médecine métallique

CHAPITRE I

I. — Vraie préparation du sel des Philosophes pour faire un Dissolvant général et une Médecine universelle

Prenez des cailloux qui soient aussi blancs et lucides que ceux qui se trouvent le long du Lac de Genève et sur les rives de quelques fleuves ; mettez-les en poudre grossière, puis en mêlez six parties avec une de chaux de Soleil ou de Lune, faite ou par le mercure, ou par l'eau forte, ou autrement. Fondez ce mélange en un feu tel que celui où l'on fait les pierres artificielles, et votre matière sera convertie en une masse comme une loupe de verre, que vous pulvériserez subtilement, après cela mettez votre poudre en un vaisseau de verre bien bouché et la digérez au feu de sable durant huit jours, et de cette sorte le soufre s'élèvera plutôt de sa terre, et se sublimera plus aisément. Vous sublimerez donc le soufre de votre matière dans une petite Cucurbite bien lutée et bien bouchée par-dessus, et lorsqu'il sera sublimé vous le séparerez et garderez à part.

La terre qui ne se sublime point et qui reste au fond du vaisseau est solide et noire, mais elle deviendra belle, blanche et presque en consistance de sel à la faveur de la réverbération, dans laquelle vous lui verrez prendre un visage de toutes couleurs.

Après que ladite terre aura été réverbérée quelque temps à discrétion, il faut verser dessus du vinaigre excellent que vous ferez macérer ensemble vingt quatre heures, et le vinaigre attirera le sel qui se trouve dans la terre lequel est la vraie racine des métaux.

Vous séparerez après par inclination ce vinaigre empreint de la sorte, et vous le verserez de nouveau sur la même terre que vous aurez auparavant réverbérée, et ferez encore une fois empreindre votre vinaigre que vous ferez digérer comme auparavant, enfin vous séparerez le vinaigre, et réverbérerez de nouveau votre terre, sur laquelle il faut encore verser du vinaigre et procéder de la même sorte trois ou quatre fois, après vous joindrez tous vos vinaigres séparés et les évaporerez à feu lent jusqu'à la consommation du tiers ; et puis vous mettrez votre verre au froid dans une cave, où se formeront des petites pierres qui se peuvent véritablement nommer le Sel des Philosophes et des métaux ; Secret où la curiosité de tant de Philosophes n'a peu réussir, y trouvant une honteuse confusion, après des soins aussi longs qu'inutiles.

Après que vous aurez fait la dernière séparation du vinaigre, vous prendrez votre terre que vous trouverez encore moite, et la mettrez dans un lieu humide l'espace de quatre ou cinq semaines ou plus, et de là vous, la porterez en un four sur un feu de cendres chaudes ou de sable tiède, et vous verrez élever sur cette terre les esprits ou les fleurs du sel en forme de cristaux transparents, que vous séparerez soigneusement de votre terre, et que vous dissoudrez dans du vinaigre ; que si de ce vinaigre vous en faites évaporer le tiers, vous ferez des cristaux à l'humide comme devant. Cette terre qui vous reste après la séparation des cristaux doit être derechef arrosée avec un peu de vinaigre, afin de la rendre humide, laquelle vous mettrez en un lieu humide quatre ou cinq semaines comme devant et de là vous porterez en un feu lent de cendres ou de sable, et par une seconde composition se feront des fleurs ou des cristaux, ce qu'il vous faudra réitérer plusieurs fois, car de cette façon le sel minéral croîtra et s'augmentera de jour en jour.

On remarque le même effet dans les mines du vitriol, ou lorsque l'on travaille sur le salpêtre ; car ainsi de la terre du nitre et de celle du vitriol on tire tous les jours du sel. Ceci se doit entendre des vrais sels tirés philosophiquement du Sol et de la Lune, en effet c'est un Secret si rare que le mépris en serait criminel, puisque c'est une médecine aussi souveraine que générale, et qui peut sans contredit passer pour le chef d'œuvre de toutes les opérations chimiques. Car ce sel se dissout soudain dans quelque liqueur que ce soit, et pénètre par une action admirable toutes sortes de corps, dissolvant, chassant et guérissant tout ce qui s'y rencontre de malin et de contraire.

L'Auteur semble avoir touché ce point au Traité qu'il a fait de la Médecine des Anciens Philosophes, quand il parle en ces termes ; Quelle porte du Jardin des Hespérides viens-je d'ouvrir parlant si clairement du salpêtre ? quelle libre entrée y donne-je aux, stupides et ignorant, qui ne devrait être ouverte qu'aux seuls doctes et amateurs, des Muses ? pour donc éviter qu'en prenant mes paroles à la lettre vous ne soyez abusés, sachez que le salpêtre ou le sel fusible des Philosophes qui de tout temps a donné le nom à l'Alchimie n'est pas le salpêtre commun ; néanmoins sa composition et sa nature merveilleuse est comme le patron ou comme la règle Lesbienne de notre œuvre ; sur quoi le puis dire avoir parlé plus clairement et plus ouvertement qu'aucun de tout ceux qui m'ont devancé.

Belle façon pour glacer les esprits de l'eau de vie, et faire une concordance Chimique avec une Astronomique, c'est-à-dire joindre l'eau forte terrestre avec l'eau de vie acérée et céleste qui est un merveilleux dissolvant.

Prenez du vitriol de Chypre ou de celui de Hongrie qui est le second en bonté deux livres, du mercure sublimé et du cinabre commun ou d'antimoine de chacun une livre, distillez en une eau forte à la façon commune. Prenez une livre de cette eau forte que vous redistillerez sur du nouveau Cinabre ou du Mercure sublimé, faisant ainsi par trois fois, en ôtant les fèces à chaque fois, tant que ladite eau soit bien nette, laquelle vous mettrez à part, et prendrez garde qu'elle ne s'évente. Cela fait, prenez huit onces des fèces de la première eau forte où est le vitriol, sur lesquelles vous mettrez une livre et demie poids de marc, d'une très excellence eau de vie rectifiée sept fois, le tout pulvérisé et bien mêlé soit mis en digestion à l'humide dans un vaisseau bien clos et distillé à petit feu de sable du commencement, puis sur la fin à feu de chasse, tant que tous les esprits en soient dehors. Notez que les fèces de cette eau forte seront rouges comme coral, et qu'elles se réduiront en vapeurs, mêmes si vous vous servez du Cinabre d'antimoine.

Ayez un grand matras ou bien une cucurbite de verre plongée dans de l'eau froide et liée avec un cordon ou tellement accommodée qu'elle ne puisse pencher ni deçà ni delà, et qu'elle demeure plongée dans ladite eau. Ayez en après deux petites bouteilles égales, et dans chacune vous mettrez une once de l'une de ces eaux, de sorte qu'elles en soient pleines, puis vous les mettrez l'une après l'autre dans un vaisseau, et vous verrez alors s'élever une grande ébullition que vous laisserez rasseoir, et y ajouterez deux autres fioles de la grandeur des autres, pleines des mêmes eaux, et derechef le même bouillonnement s'élèvera, continuant peu à peu de joindre de la sorte vos eaux jusqu'à la fin. Laissez après rasseoir et digérer le tout au froid vingt-quatre heures, puis distillez vos dites eaux par le B. M. qui vous laisserons un sel comme une glace ou comme une gomme au fond. Notez qu'il ne faut pas distiller jusqu'au sec, mais il faut que ledit sel demeure liquide ; puis cohobez ce que vous aurez distillé (et cela par réitérées distillations) tant que votre eau distillée n'ait plus de force et qu'elle ait laissé tous ses esprits conjoints avec le sel, et lors le nombre de votre sel végétal sera accompli. Vous remarquerez qu'il vous faudra bien serrer cette eau débile, car c'est par son moyen que vous pourrez dissoudre ledit sel, pour vous en servir aux dissolutions des corps.

Quant au sel vous le ferez dessécher fort doucement dans un petit matras clos et bouché en sorte que les esprits ne s'en puissent exhaler, et quand votre matière sera sèche, vous scellerez hermétiquement le matras pour mieux conserver votre sel.

II. — *Autre merveilleux dissolvant*

Prenez le Cinabre d'antimoine qui se fait de parties égales d'Antimoine cru et de Mercure sublimé étant pouffé selon les degrés du feu, de façon qu'au premier il en sorte une gomme, et qu'au second qui sera par un double feu dessus et dessous, la matière se sublime toute tant aux côtés qu'au col de la retorte ; ainsi vous ferez un beau Cinabre duquel vous prendrez une partie, du vitriol et du salpêtre de chacun une autre partie, et mettrez le tout dans un matras à long col sur un feu de cendres, jusqu'à ce que toute l'humidité soit exhalée.

Alors bouchez bien votre matras avec du coton, continuant par degrés le feu de votre sublimation vingt quatre heures ; et la matière se sublimera toute en une masse blanche comme neige en forme de cheveux, puis tout à l'heure vous prendrez cette masse et en un mortier de marbre ou de verre vous l'imbiberez d'huile de tartre, tant que le tout devienne en pâte molle, que vous mettrez dans un grand Alambic qui soit fort haut accompagné de sa chape que vous luterez et tiendrez au B. M. six ou sept jours, dans lequel temps votre matière le convertira en Mercure coulant, qui est déjà le Mercure du soufre d'Antimoine qui peut passer par le cuir.

Puis ajoutez avec ce dit Mercure philosophal autant de Mercure cru et vulgaire et sans avoir eu autre préparation ; ces deux Mercures soient joints et mis en un vaisseau propre, soient mis au ventre du cheval chaud par six jours, puis les faites distiller sur le feu de cendres, et l'argent vif distillera en forme d'eau qui est une vraie eau Mercuriale que vous garderez à part.

Vous prendrez après ce qui est demeuré au fond du vaisseau en forme de sel cristallin que vous dissoudrez avec un peu de bonne eau de vie par le B. M. et au fond il vous restera une huile d'argent-vif permanente et claire ; ainsi vous avez deux diverses liqueurs en huiles mercuriales faites en deux façons, qui sont les clefs pour ouvrir les métaux du Soleil et de la Lune, dont vous pourrez faire de grandes médecines pour la santé et conservation des corps humains.

III. — *Autre dissolvant qui est l'eau ardente métallique*

Faites un amalgame de deux onces d'étain fin avec autant de Mercure commun à la façon ordinaire ; broyez cet amalgame avec partie égale de Mercure sublimé, mettez le tout dans un verre en un lieu humide, et une partie se réduira en eau dans peu de jours.

Amalgamez d'ailleurs six onces de Saturne avec six onces de Mercure commun, à quoi vous ajouterez du sublimé autant que du tout, à savoir douze onces, broyez cela et le mêlez avec votre pâte d'étain, et en peu de temps le tout se dissoudra en une pâte molle couverte d'une eau trouble et mêlée de quelque peu de Mercure revivifié. Cette dissolution pâteuse et aqueuse en partie sera pressée en un linge, par lequel vous séparerez le Mercure coulant, et le reste de l'eau trouble sera mis dans un alambic pour être distillé par le sable, et donnant feu de degrés, vous verrez sortir une eau limpide que vous garderez séparément, puis augmentant le feu, le reste de la matière se sublimera en abondance au chapiteau comme des aiguilles ou des flocons de laine d'un goût fort doux, et ce sublimé sera le vrai Sel de Saturne.

Cette matière lanugineuse et douce doit être mêlée avec son eau, et par l'aide des digestions et des distillations réitérées, on en peut tirer une eau de vie ardente métallique, ou fondre ladite matière lanugineuse dans un bon esprit de vin, et puis en l'une ou l'autre de ces deux eaux, vous y pouvez mettre du sel d'or ou d'argent, tant que vos eaux en pourront dissoudre. Digérez le tout et observés la méthode dont on fait les menstrues, c'est-à-dire les rectifications et les cohobations, pour en faire une eau ardente métallique, qui sera un vrai dissolvant de nature, car nature aime nature et se réjouit en sa nature, comme disent les Philosophes. Par le moyen de ces petits cristaux et, de cette matière lanugineuse on en peut faire une grande médecine, mêmes si vous imbibez cette matière d'huile de tartre et gardez la façon que nous avons ci-dessus observé au Mercure d'antimoine, vous pourrez rendre votre dite matière lanugineuse en Mercure coulant, qui est encore un admirable secret. Enfin je vous donne ici beaucoup de belles clefs et vous ouvre un champ bien favorable à philosopher plus avant.

*IV. — Autre dissolvant universel, appelé
le vinaigre des Philosophes*

Prenez trois pintes de bon vinaigre le plus fort que vous pourrez trouver, et après l'avoir distillé par deux fois, vous le mettrez sur trois livres de sel de tartre bien calciné, puis le distillerez bien fort pour lui faire rendre tous ces esprits, par ce moyen vous tirerez le tiers de votre matière, qui sera capable de dissoudre les perles. Et dans les deux autres tiers qui resteront dans le vaisseau, vous mettrez encore deux livres de sel de tartre et distillerez comme dessus ; et si tôt que vous en aurez distillé le tiers, vous le mettrez à part pour vous en servir à dissoudre le coral et l'antimoine calcinés. Et dans le reste qui sera dans le vaisseau, ajoutez y encore une livre de nouveau sel de tartre et redistillez ; mais à ce coup vous pousserez votre distillation jusqu'au bout, et jusqu'à ce que tous les esprits en soient tirés. Et lors vous aurez un dissolvant merveilleux pour toutes sortes de métaux calcinés et pour en tirer les sels, les huiles et mêmes les Mercures. Si donc en cette eau vous avez dissous quelque métal, et que vous en ayez tiré le sel, souvenez vous d'en faire distiller les deux parties après les digestions requises, et de mettre le restant au froid, afin qu'il s'y forme des glaçons que vous séparerez par inclination, qu'après vous laverez plusieurs fois avec de l'eau commune où bien de l'eau de vie, que vous tâcherez enfin de résoudre à l'humide pour les convertir en huiles.

V. — *Eau philosophale pour dissoudre les deux luminaires*

Prenez du nitre du sel armoniac de chacun une livre, de petits cailloux blancs de rivière mis en poudre, demi livre, mêlez bien le tout et jetez en seulement une once à la fois dans un vaisseau de terre vernissé qui soit percé vers les côtés, et si tôt que vous aurez jeté cette matière, bouchez le trou avec va linge mouillé et d'abord les esprits monteront et l'eau distillera ; après ouvrez le trou pour jeter encore une once de votre poudre, ce que vous continuerez jusqu'à ce que vous ayez une quantité raisonnable d'eau que vous garderez précieusement, car cette eau par une vertu occulte dissout les deux luminaires et rend l'un d'une couleur fort rouge, et l'autre d'une couleur de saphir. Que si vous désirez tirer une belle huile plus rouge que le sang même de votre Sel dissous, vous le ferez heureusement, si vous en séparez l'eau par une douce distillation, que vous ferez jusqu'à la substance oléagineuse ; ce que vous devez réitérer trois fois, en remettant toujours votre eau dans le vaisseau, laquelle sortira finalement sans aucune saveur, laissant, comme j'ai dit, au fond du vase, la plus belle huile d'or qui se puisse voir au monde. Que si vous y remettez dessus pour la quatrième fois de nouvelle eau, vous ferez monter l'huile Solaire par l'alambic d'une couleur très rouge et très belle, et pour séparer de la substance huileuse le flegme de ce dernier dissolvant il vous faut mettre le tout dans une eau froide et là se formeront des glaçons rouges ; et continuez tant que ces congélations se fassent car par ce moyen vous séparerez plus facilement le flegme ; d'ailleurs ces glaçons se fondants dans l'eau commune vous les pourrez encore passer par l'alambic et en extraire la teinture avec l'esprit de sel qui laissera le corps de votre or blanc comme Lune au fond de votre vaisseau, et vous donnera une teinture excellente contre toutes maladies désespérées.

VI. — *Diluant pour toutes sortes de pierres précieuses*

Prenez de la chaux vive de la plus nouvelle, mettez la grossièrement en poudre dans un vaisseau de verre où vous verserez par-dessus d'un excellent esprit de vin, qui soit sans flegme, de peur que la chaux ne se corrompe, et faites qu'il surnage la chaux de trois ou quatre doigts, puis laissez digérer le tout au froid jusqu'à ce que la chaux ait bue l'esprit de vin qu'elle en soit toute fermentée. Après cela vous couvrirez le vaisseau d'une chape pour en séparer par le B. M. l'eau de l'esprit de vin qui sera douce et presque insipide, cause que la chaux aura retenu le sel armoniac de l'eau de vie. Cela fait, vous mettrez sur le marc qui restera au fond du vaisseau, encore d'autre bon esprit de vin, et vous digérerez, distillerez comme devant, continuant ainsi jusqu'à tant que la chaux refuse de boire l'esprit de vin. Et lors ce sera un indice qu'elle en aura pris autant qu'il lui en faut. Vous ferez pourtant distiller à lent feu la dernière imbibition, et l'esprit de vin sortira cette fois âcre et piquant comme il était auparavant, et pour le restant de la matière vous le mêlerez bien avec autant de bol ou de tripoli, et distillerez le tout à grand feu, comme celui dont on fait l'esprit de sel, et par ce moyen tirerez un dissolvant très puissant, et capable de dissoudre les perles cristaux, et toutes sortes de pierres précieuses.

VII. — *Extraction des huiles et des teintures des minéraux*

Ayez de la bonne pierre ponce et de la plus blanche qui se puisse trouver, faites-la mettre en poudre subtilement, puis l'abreuvez d'un bon vinaigre distillé et la desséchez, ce que vous devez réitérer par quatre fois, et faut à la dernière et réverbérer quatre heures par un feu de flamme, qui ne soit pas violent pour éviter qu'elle ne se fonde. Puis cimentez avec cette poudre des lamines bien déliées de quelque métal que ce soit, même de Soleil, et cela par stratification en un grand feu de réverbère ou de quelque autre sorte, durant vingt quarre heures, et votre poudre se vêtira de la couleur du métal, réitérez cette cimentation jusqu'à ce qu'elle aie rongé vos lamines métalliques. Prenez ensuite vos poudres colorées et les mettez par cinq fois dans un vinaigre distillé que vous animerez de salpêtre, mettant sur une livre de ce vinaigre quatre onces dudit sel, laissant ce vinaigre et ce sel ensemble en putréfaction dans une cornue, par laquelle vous distillerez après à grand feu votre vinaigre, le cohobant jusqu'à ce qu'il ait presque emporté toutes les fèces. Ce vinaigre étant préparé de la sorte, vous y mettrez votre pierre ponce colorée, qui le dépouillera de toute sa teinture, laissant le tout quinze jours dans le ventre du cheval, et dans ce temps le vinaigre tirera la couleur du corps de votre pierre ponce, vous le viderez alors et toute à l'heure y remettrez d'autre vinaigre, ce que vous continuerez il jusqu'à ce que l'extraction de la couleur soit achevée ; vous ferez après exhaler au Bain votre menstrue, qui vous laissera au fond la teinture de votre métal. Que si vous désirez l'exalter davantage, il faudra mettre sur votre teinture une excellente eau de vie que vous ferez putréfier, afin d'attirer l'âme des teintures métalliques et minérales que vous désirerez avoir.

CHAPITRE II
DE L'OR

I. — Manière de faire l'or potable, selon la méthode de Raymond Lulle

Le grand secret des livres de Raymond Lulle d'Asilli et de Zachaire touchant la quintessence est de tirer un excellent esprit de vin distillé, par le grand vaisseau sigillé avec du liège et du papier à feu lent.

Quand l'esprit de vin sera dehors, il faudra distiller le reste par de gros alambics, jusqu'à ce que les fèces commencent à s'épaissir, lesquelles vous mettrez à part en quelque vase propre, et continuerez vos distillations pour avoir quantité d'esprit de vin, de flegme, et de fèces. Vous prendrez ensuite les fèces que vous aurez séparées et les mettrez dans un alambic au bain vaporeux pour tirer le reste de leur humidité, de sorte qu'elles demeurent comme poix fondue au fond de votre vaisseau. Ces fèces étant épaissies de la sorte, vous les remettrez en un autre alambic avec leur flegme qui les surnage de quatre doigts, et les tiendrez quatre heures sur un petit feu de cendres pour en faire tirer au flegme la teinture, qui sera de soufre combustible des fèces et des impuretés du vin. Votre flegme étant coloré vous le viderez doucement par inclination pour en remettre de nouveau, ce que vous continuerez jusqu'à ce qu'il ne se colore plus, et que votre terre demeure comme blanche et cristalline au fond. Que si le flegme venait à manquer, vous en pourrez recouvrer de nouveau, en séparant le coloré de sa teinture ; ce que faisant il vous restera au fond un soufre, ou pour mieux dire une huile rouge comme du sang, que vous devez bien conserver. Notez que cette préparation de fèces se pourrait aussi faire par de simples ablutions continuées tant de fois que la terre en demeurât au fond en forme de lapis, comme quand vous purifiez le tartre commun pour en faire les cristaux.

Ces fèces ainsi préparées soient mises en de petites cucurbites à long col accompagnées de leur chape et de leur récipient, que vous luterez hermétiquement, après avoir remis par-dessus de l'eau de vie que vous avez redistillée, faites les bouillir et distiller six heures à petit feu de cendres, puis remettez dans le vaisseau ce que vous aurez distillé et le laissez encore une heure, après laquelle vous viderez toute cette liqueur par inclination le plus soigneusement que vous pourrez, afin de ne rien troubler ; puis vous remettrez de votre nouvelle eau redistillée par-dessus vos fèces, continuant ce procédé jusqu'à tant qu'elles commencent à devenir noires et qu'elles ne fument plus sur la lame d'argent. Et pour profiter des eaux que vous aurez retiré par inclination de votre terre, il faudra que vous les mettiez en des vases bien fermés en un lieu froid, de peur qu'elles ne s'évaporent, car cette eau est l'eau animée des Philosophes. Ramassez après toutes vos terres et les mettez dans un matras à long col bien sigillé, que vous ensevelirez dans du sable, et que vous ferez calciner à feu de moyenne sublimation, les tenant au four d'Athanor six jours entiers, auquel temps vos terres seront blanchies et très bien calcinées. Vous prendrez après votre terre et la diviserez en deux cucurbites de grandeur convenable, où vous verserez la quatrième partie de leur poids de l'eau animée dont nous venons de parler, et leur ayant appliqué leur chape et leur récipient vous les tiendrez premièrement un jour au Bain Marie tiède, et puis vous les mettrez deux jours sur un feu de cendres, pour les faire distiller lentement, et l'eau qui en distillera sera sans goût et sans force, ayant laissé son esprit et toute sa vertu à sa terre calcinée, il faudra derechef verser de l'autre eau animée gardant toujours la même proportion dont j'ai parlé ci-dessus, continuant la digestion au bain, et la distillation aux cendres, jusqu'à ce que chaque terre ait bue son eau animée et qu'elles soient rendues volatiles ; ce que vous connaîtrez facilement par l'essai de la lame d'argent rougie au feu, lorsque vous verrez vos terres s'en aller en fumée, que si elles ne s'évaporent encore totalement, la précédente opération se devra réitérer et continuer jusqu'à l'entière exhalation de la matière. Cette terre ainsi préparée est selon l'opinion du grand Lulle, le vrai soufre et le vrai Mercure des Philosophes.

Quand vous verrez dessus la lame votre terre entièrement volatile, vous la mettrez dans deux petits alambics lutés avec leur récipient et lui donnerez tout un jour feu lent de sublimation, l'augmentant par degrés jusqu'au quatrième jour que les fumées blanches ne paraîtront plus dans le vaisseau, et que votre matière soit fortement attachée aux côtés en façon de terre foliée, laquelle sera belle, claire et transparente comme des perles et du talc que vous réduirez après en poudre dans un petit mortier de marbre, et là-dessus vous verserez de l'esprit sulfureux distillé, non tout à coup, mais petit à petit en forme d'arrosement, et finalement vous la mettrez dans un fort Athanor trois ou quatre jours, durant lesquels elle recevra sa parfaite décoction, et deviendra comme une matière perlée, qui sera le baume radical des métaux, et toutefois extrait d'une nature végétable.

II. — *Usage du précédent soufre des Philosophes*

Prenez deux ou trois onces de la terre volatile dont nous venons de parler, et qu'on appelle le soufre des Philosophes, et la mettez avec six onces d'excellent esprit de vin tiré comme dessus, dans un matras à long col, que vous tiendrez 34 heures au B. M. et lors le tout sera réduit en une eau azurée, dans laquelle vous jetterez cinq onces de Soleil préparé, qui soudainement ce dissoudra, faisant rougir en même temps l'eau de son dissolvant. Distillez après au bain par six fois celle dissolution, remettant à chaque fois l'eau sur les fèces, et finalement distillez à feu de cendres, et votre or montera avec l'eau, laissant le soufre philosophal au fond du vaisseau, que vous réserverez pour d'autres dissolutions. Réitérez encore une fois la dissolution au bain, et la teinture du Soleil demeurera avec son extracteur au fond de l'alambic, en forme de liqueur et d'huile précieuse, que quelques une dissolvent encore avec le menstrue animé du soufre des Philosophes et la repassent par le bec du vaisseau pour en faire un vrai or potable et une médecine universelle.

III. — *Autre usage du même soufre des Philosophes*

Faites dissoudre au bain quatre onces de notre soufre dans deux livres de l'eau de vie dont nous avons parlé, puis distillez par les cendres, et de cette eau distillée mettez en six onces sur une de Soleil calciné, y remettant toujours de nouvelle eau pour en faire l'entière dissolution ; et quand elle sera faite, vous la circulerez dans un pélican au bain, ou bien au ventre du cheval durant quarante jours, et vous, aurez une liqueur fort précieuse, de laquelle si vous séparez l'humeur à petit feu de cendres, votre Sol demeurera comme l'autre au fond de votre vaisseau.

IV. — *Autre usage du même*

Réduisez le Soleil en Mercure et le calcinez par l'eau forte commune, tirant l'eaux la remettant par trois fois dessus les fèces ; et pour bien achever cette opération vous mettrez les fèces dans un creuset entre les charbons ardents, jusqu'à ce qu'elles deviennent toutes rouges et qu'elles ne fument plus, et lors votre or sera parfaitement calciné ou précipité ; auquel il ne vous reste plus qu'à le laver plusieurs fois avec eau de rose jusqu'à la douceur ; quand cette chaux d'or sera préparée de la sorte, vous la mettrez dans un vaisseau, et verserez par-dessus quatre fois autant de fort bonne eau de vie, laquelle vous cohoberez par sept fois au B. M. et la dernière à petit feu de cendres, après laquelle votre Soleil sera réduit au fond en une liqueur aussi belle que les autres, et mêmes encore plus subtile.

V. — *Manière de faire l'or potable*

Il faut choisir du meilleur tartre de Montpellier et le calciner jusqu'à la parfaite blancheur, mais il faut prendre garde qu'il ne fonde ; de ce tartre ainsi préparé vous en prendrez une livre, et verserez par-dessus deux onces d'une très excellente eau de vie, puis vous distillerez le tout dans un alambic au bain vaporeux ; et pour ce que le tartre retient en soi les esprits et le sel armoniac de l'eau de vie, ce que vous distillerez sera sans goût ; après cette première distillation, il faudra verser dessus encore deux ou trois onces de la même eau, et la redistiller comme devant, et vous continuerez à distiller ainsi petit a petit, jusqu'à ce que votre eau de vie sorte avec la même force que vous l'aurez mise, car c'est une marque assurée que le tartre aura retenu du feu et des esprits de l'eau de vie autant quelle en aura besoin, et qu'étant plein de ces esprits volatiles, il sera capable d'être élevé par sublimation en une substance que les Philosophes appellent terre foliée. Cela fait vous prendrez quatre onces de ce tartre ainsi alcoolisé, et demi livre d'une fort bonne eau de vie, que vous mêlerez ensemble, et que vous circulerez en un vaisseau propre, et alors votre eau de vie deviendra de la couleur du Ciel, et capable de dissoudre l'or d'une parfaite dissolution, et par ce moyen vous aurez un dissolvant végétal moins nuisible que tous les autres.

Avant que de mettre le Sol dans ce dissolvant, il le faut amalgamer avec du Mercure, et mettre cet amalgame dans l'eau forte, où votre Soleil se calcinera en une poudre impalpable, que vous laverez très bien pour lui ôter le sel et les esprits que l'eau forte lui peut avoir laissez, puis mêlez cette chaux avec deux fois autant de fleurs de soufre sublimées trois fois, et mettez le tout entre deux écuelles de terre, et le soufre s'exhalera et vous laissera au fond un Soleil spongieux et très subtil, vous le mettrez dans votre eau céleste au B. M. et certainement dans deux fois vingt-quatre heures, vous verrez la dissolution de votre or qui sera vrai Sol potable, non seulement propre aux maladies ordinaires, mais mêmes à toute sortes de lèpres.

VI. — *Manière de faire l'or potable*

Préparez premièrement du sel l'ordinaire, et prenez de bon tripoli et de la bonne brique deux ou trois livres de chacun, selon la grandeur de votre cornue que vous choisirez d'une bonne terre qui souffre le feu sans s'éclater ; mettez en ce vaisseau vos matières subtilement pulvérisées et bien mêlées ensemble, et sachez que votre cornue doit avoir un trou derrière à l'opposé de son col et de son bec, afin qu'on y puisse mettre le tuyau d'un souffleur, qui entre deux doigts dedans pour souffler les fumées du sel dans le corps du récipient. Vous luterez aux votre cornue avec son récipient qui doit être fort grand et fort ample, et tel qu'on le prend pour faire l'huile de vitriol ; d'ailleurs vous poserez sur un petit fourneau un vase tel qu'un petit matras qu'on appelle souffleur, lequel sera plein d'eau, que vous ferez continuellement bouillir sur le feu ; car sans cela il ne soufflerait point, et ne ferait aucunement son effet. D'abord il faut donner petit feu à votre cornue, l'augmentant de deux en deux heures, sans faire jouer votre souffleur durant que les esprits du sel monteront d'eux mêmes, mais seulement lorsqu'ils ne passeront plus ; et qu'un nouvel esprit s'élèvera en fumée ; lequel il faudra pousser par l'action du souffleur dans le fond du récipient, ce que vous continuerez jusqu'à la fin de la fumée. Quand donc tout l'esprit sera passée (ce que l'on peut connaître aux gouttes acides qui commencent à distiller) il le faudra rectifier et le séparer de l'eau du souffleur qui sera passé avec lui, cela fait vous aurez un esprit fort blanc, et fort beau, que vous garderez à part dans de bonnes fioles de Lorraine, car il calcine les autres verres.

Après avoir ainsi tiré votre esprit de sel, vous prendrez des feuilles d'or et les amalgamerez avec deux fois autant de Mercure vulgaire, que vous purgerez auparavant avec du sel et du vinaigre. Votre amalgame étant ainsi fait, mettez le dans un petit sublimatoire, pour y faire exhaler la moitié du Mercure, broyez après votre amalgame en un mortier de verre ou de marbre, y ajoutant le quart de fleurs de soufre, et mettant le tout dans un creuset luté d'un autre feu de roue, et le Mercure et le soufre s'en iront, et votre Soleil restera calciné. Il y en a qui réitèrent cette opération trois fois, mais il suffira d'une seulement.

Mettez cette chaux Solaire en un matras de verre de Lorraine à long col, versant par-dessus quarte doigts de votre esprit de sel, et le mettant en digestion sur cendres chaude durant un jour, pendant lequel votre esprit tirera la teinture du Sol, et quand il en sera bien teint, vous le verserez par inclination dans une cornue, et dessus votre chaux vous remettrez encore de votre esprit, et le laisserez en digestion comme auparavant jusqu'à ce qu'il soit bien coloré, pour le verser avec l'autre dans la même cornue, continuant ce procédé jusqu'à l'entière dissolution de votre Sol, et que vous ne voyez plus au fond du matras qu'un peu de fèces blanches.

Prenez votre cornue où sont assemblés vos esprits colorés, et la mettez sur un petit feu pour distiller lentement par trois ou quatre cohobations, jusqu'à ce que les esprits sortent faibles et sans vigueur, puis vous prendrez de nouvel esprit, et le mettrez sur la matière qui sera restée dans la cornue, et vous distillerez comme auparavant par plusieurs fois, jusqu'à ce que votre Sol monte et passe avec l'esprit dans le récipient, alors il faut diminuer le feu et le faire si petit que le Sol ne puisse point monter avec l'esprit, mais qu'il demeure seul au fond de la retorte en forme de sel rouge ou d'huile épaisse et congelée. Enfin il faut recouvrir de fort bonne eau de vie si fort alcoolisée qu'elle brûle toute l'épreuve, de laquelle vous dissoudrez votre sel d'or en les mettant ensemble en digestion, et si la dissolution ne se fait entièrement à la première fois, vous réitérerez, gardant le procédé que vous avez tenu en l'opération de l'esprit de sel.

Cette dissolution dernière étant finie, vous distillerez par la cornue votre eau de vie jaune, et votre teinture de Sol montera alors, où du moins au bout de quelques réitérations. Vous noterez que si tout le Sol ne montait après plusieurs distillations, ce sera signe que l'esprit de sel n'a pas eu la force de le décorporer comme il faut, c'est pourquoi il faudra remettre dessus le corps de l'or encore de nouvel esprit de sel et faire comme auparavant.

Le Sol étant totalement monté, vous en séparerez l'eau de vie, et repasserez trois ou quatre fois sur son corps de la même eau, et finalement il demeurera seul en forme d'huile jaune dans le fond du vaisseau, laquelle néanmoins a la vertu de teindre en rouge.

Il faut remarquer que cette liqueur d'or se communique et se mêle à l'eau commune sans revivification de son corps, c'est-à-dire sans se remettre en corps métallique.

Pour dépouiller votre huile Solaire de toute l'acrimonie que l'esprit de sel lui aurait pu laisser, il faudra jeter par-dessus un peu d'huile de tartre, qui corrigera si bien le goût étrange du sel, que votre or potable demeurera d'une saveur aussi douce et agréable que du réglisse.

VII. — *Manière de faire l'or potable*

Faites calciner de l'or par trois fois avec le Mercure et le soufre selon l'art dont nous avons déjà parlé. Prenez d'un excellent esprit de sel qui soit bien fait et déphlegmé, pour tirer la teinture de votre chaux d'or, car c'est le propre de l'esprit de sel d'extraire le soufre où a teinture rouge de ce noble métal ; et que laisser son corps de couleur blanche au fond du vaisseau. Il faudra réitérer l'infusion de cet esprit, sur votre matière, autant de fois qu'il sera besoin pour achever l'extraction de toute la teinture, et joindre toutes vos liqueurs colorées en un pot d'alambic pour en séparer l'esprit de sel, par la distillation que vous en ferez jusqu'au bec.

Vous trouverez après cette opération au fond de votre vase une poudre très légère et très rouge, presque semblable à celle du safran de Mars laquelle vous mettrez dan un matras, et part dessus verserez d'un bon esprit de vitriol, ou plutôt d'une bonne huile qu'on aura distillée de toute la substance du même minéral, ou du moins de celle qui sera un peu calcinée, redistillée et digérée jusqu'au point de ne contenir aucunes fèces, de sorte que l'huile en puisse être très pure, très âcre, très blanche et très claire, et cette huile sera telle qu'il la faut, pour dissoudre et pour tirer toute la couleur du crocus de notre Soleil, par la conjonction duquel sans autre chose elle perd son acrimonie et s'adoucie parfaitement ; gardez cette huile de vitriol Solaires ; et en faites état comme d'un remède extraordinaire, de qui la dose de quatre ou cinq gouttes dans du vin blanc, ou du bouillon, fait des merveilles pour la guérison des plus étranges maladies.

VIII. — Manière de faire l'or potable

Prenez de l'or et le dissolvez dans l'eau philosophale qui dissout les deux luminaires et qui se compose de nitre, et de sel armoniac, comme nous avons dit ci-dessus ; après avoir ainsi dissout votre Soleil, distillez le dissolvant jusqu'à consistance de sirop, puis remettez en de nouveau, et le redistillez encore comme dessus, faisant cela trois fois ; vous noterez que les eaux sortent insipides de l'alambic, pour ce qu'elles y laissent leurs esprits avec le corps du Soleil.

Mais pour faire passer le Soleil par la cornue ou par l'alambic, il faudra remettre encore une fois de nouveau dissolvant, lequel animé de l'esprit Solaire, fera des opérations admirables pour la santé, et principalement pour la guérison de la lèpre.

Ayant ainsi calciné votre or vous le jetterez dans de l'eau commune avec son dissolvant, et quand le tout sera mêlé, vous y mettrez du Mercure dedans, qui fera faire une Éclipse au Soleil, si vous le tenez quelque temps en digestion au froid, car il attirera tout le corps Solaire, et vous en pourrez séparer l'eau par inclination, et laver plusieurs fois l'amalgame de ces deux corps pour en ôter l'acrimonie, et séparer tous les esprits de l'eau philosophale.

Ce qu'ayant fait vous pourrez exprimer ce Mercure par le cuir, dans lequel votre chaux Solaire demeurera en amalgame, que vous mettrez au feu dessus la gerbe, c'est-à-dire, dessus une petite écuelle plate, afin que le Mercure s'exhale, et il vous restera une chaux de crocus ou de Cinabre, Solaire impalpable, et très rouge, de laquelle par l'aide d'un esprit de sel, on pourra tirer la teinture du Soleil, et de l'esprit de sel empreint de cette teinture, vous en donnerez trois ou quatre gouttes, qui feront merveilles à toutes maladies invétérées.

IX. — *Manière de faire l'or potable*

Distillez un bon esprit de vitriol et le passez sur le Jupiter à grand feu de cendres, et vous tirerez une eau du plus beau jaune du monde, laissez la toute une nuit dans une bouteille débouchée, et la mettez le lendemain sur des feuilles d'or, que vous aurez mises au fond d'un alambic de verre, sur quoi vous verserez encore autant d'une très excellente eau de vie, qui soit pour le moins à moitié déflegmée, distillez après au B. M. votre eau de vie, et puis aux cendres votre dissolvant par le même alambic; que si votre Sol n'était encore réduit en huile au fond de votre vaisseau, vous reverserez par-dessus de votre dissolvant et de votre eau de vie, ce que vous réitérerez, afin que votre or demeure en huile avec la première force des dissolvants, et sur cette huile il faudra remettre le dissolvant tout seul sans eau de vie, qui prendra la couleur de l'huile dont les usages sont divers, car on le donne à tous les maux de poumon, d'estomac et de cœur, et bref à toutes sortes de maladies, et d'infirmités, pour la guérison desquelles on en donne une cuillerée ou demie selon les forces du malade; elle est encore excellente pour la prolongation de la vie, et pour la précaution de toutes sortes de maladies, en usant de trois jours l'un de cette dose dans du bouillon ou autrement ; cette liqueur est si innocente qu'on en peut donner même aux enfants de trois jours. Si vous le voulez donner en huile il s'en donne une goutte seulement dans du bouillon ou eau de mélisse distillée.

X. — *Manière de faire l'or potable*

Prenez des rayons du miel du mois de Mai, qui soit de bonne consistance, mettez le dans un matras bien bouché et le laissez vingt jours en repos, puis mettez le dans le B. M. où vous le tiendrez l'espace de cinq jours, auquel temps il se rendra pur et coulant ; étant ainsi, vous le passerez par un linge, et distillerez la colature à feu lent, par trois fois dans un petit alambic. D'ailleurs vous préparerez sur le marbre des feuilles d'or que vous mettrez en poudre, et dont vous prendrez une once sur laquelle vous verserez dans un matras quatre onces de votre eau de miel, que vous tiendrez bien clos sur le B. M. durant dix jours, et dans ce terme il se fera de la quintessence du miel et de celle de l'or, une huile admirable, que pour accomplir parfaitement vous mettrez dans un alambic où par distillation à feu de cendres, vous convertirez en chaux votre Soleil, et dans cet état vous le laverez plusieurs fois exactement avec de l'eau pure de fontaine, et trois fois avec de l'eau rose ; bref vous mettrez par-dessus cette chaux purifiée de bonne eau de vie, et par le même alambic vous pouvez distiller le tout ensemble au B.

M. jusqu'à sept fois, et par ce moyen votre métal sera radicalement réduit en huile, laquelle à la vérité sera trouble, mais aussi vous la pouvez purifier premièrement par le feu, et puis par l'eau rose pour la rendre propre à la conservation de la santé, et à la cure de beaucoup de maladies.

XI. — *Manière de faire l'or potable*

Calcinez la pierre ponce dans de l'eau rose la plus nouvelle que vous pourrez trouver, et faites un ciment de la poudre de cette pierre avec la chaux d'or, que vous aurez préparée avec l'eau forte, ou le sel ou Mercure, comme vous avez pu apprendre ci-devant, et vous mettrez en un feu de réverbère de vingt quatre heures votre ciment, et votre pierre dans ce feu tirera du Soleil une couleur pourprée, qui n'est autre chose que la vraie teinture de l'or ; vous mettrez donc en poudre cette pierre ainsi teinte, et puis la passerez par un tamis bien subtil et délié, et pour séparer la substance de l'or de celle de la pierre ponce, vous verserez sur toute cette poudre, une excellente eau de vie que vous devez avoir rectifiée en la distillant sur de l'excellent miel de Narbonne, votre eau tirera toute la teinture à soi, pourvu que sur cette poudre vous fassiez diverses infusions de l'eau de vie, jusqu'à ce qu'elle ne ce teigne plus ; cette ceinture étant tirée de la force par ces eaux, vous la séparerez par une douce distillation, jusqu'à consistance d'huile, et il vous restera une teinture potable, de qui la couleur se rehausse d'autant plus qu'elle se vieillit ;

donnez en une goutte dans une tablette de sucre, ou dans du vin ou du bouillon, et vous restaurerez la vie des infirmes.

XII. — *Manière de faire l'or potable*

Recouvrez de bon vitriol Romain ou plutôt de celui de Chypre ou de Hongrie, mettez le dans une terrine vitrée sur un feu de cendres pour faire évaporer l'humidité du vitriol, et pour achever de le bien calciner, mettez le dans un pot de terre bien couvert et bien luté sur un feu de charbons ardents, où il demeure pour le moins quatre heures, afin qu'il se puisse calciner parfaitement, que s'il ne le paraissait assez, vous couvrirez encore le pot et le remettrez sur le feu jusqu'à ce qu'il devienne rouge comme du sang; après cette préparation, sans laquelle cette œuvre ne se peut accomplir, vous mettrez la chaux vitriolique, que l'on appelle colcotar, dans une cornue bien lutée, et sur un feu de réverbère, vous en tirerez trois substances, dont la dernière sera l'huile, de laquelle vous n'en aurez que fort peu.

Dans cette huile de vitriol que vous aurez versée en un petit pot d'alambic, vous jetterez de l'or en feuilles pliées en rouleaux, et le tiendrez sur le feu une heure ou plus pour être dissout et rendu potable. Et lors que ces feuilles seront dissoutes de la sorte, il y faudra mettre par-dessus de l'huile de girofle et de celle de camphre, c'est-à-dire que sur deux onces, pour exemple d'huile de vitriol on y mette une once d'huile de girofle, et une de celle de camphre préparée, comme nous dirons ci-dessous. Vous remarquerez qu'aussitôt que vous aurez mêlé vos huiles de girofle et de camphre avec la dissolution vitriolique de votre or, le vaisseau s'échauffera, et il s'élèvera une grande ébullition par l'antipathie des esprits de ces trois huiles pendant cela vous laisserez vos matières au froid, et lorsqu'elles seront un peu remises, vous les pouvez mettre sur le feu pour distiller et séparer successivement ces trois liqueurs, donc la dernière en ordre de distillation, sera l'huile d'or, et le vrai or potable.

Pour l'huile de camphre propre à l'usage dont nous venons de parler, il faut qu'il se fasse de cette sorte. Prenez du camphre, mettez le en poudre, et le dissolvez dans l'huile d'amandes douces, sur un feu lent, étant dissout parfaitement, versez sur cette huile une quantité raisonnable de bon esprit de vin, et passez après le tout par le bec d'un alambic à feu de sable, et votre huile de camphre sortira belle claire et très propre à la susdite opération.

XIII. — *Manière de faire l'or potable*

Prenez de bon sucre candi pulvérisé, fondez le sur le feu, et puis faites le boire à des briques embrasées, lesquelles en étant une fois bien imbues, seront mises ou dans une retorte, ou dans un alambic, pour être distillées à feu lent, et alors vous aurez une huile d'une grande efficace ; car non seulement elle peut dissoudre par son âcreté plusieurs corps solides, mais mêmes le corps du Soleil, lequel chant préparé par le Mercure, par l'eau forte, et par le soufre sublimé selon l'art, peut être facilement dissout, étant mis en digestion quelque temps au B. M. ou dans le ventre du cheval, et finalement il se peut réduire en huile, si dans le même bain on en distille doucement la liqueur du sucre, qui laissera derrière soi l'huile de Soleil, ou l'or potable le plus facile et le plus innocent que notre art ait encore préparé.

XIV. — Huile d'or de Rudelius Médecin de Scucherg en Misnie

Prenez une once d'or, et seize onces de régule d'antimoine, fondez le régule et durant sa fusion jetez y par-dessus le Soleil, laissez les ensemble un quart d'heure sur le feu sans souffler, retirez votre matière au bout de ce petit espace, mettez-la en poudre et l'enfermez entre deux creusets bien lutés de peur que rien ne respire, et la laissez sur un feu de four à vent un jour entier, et vos matériaux par un tel feu deviendront presque noirs, laissez les refroidir et les broyez derechef, et puis mettez les sur le fourneau et faites augmenter le feu à cette fois ; que si la matière se pouvait facilement broyer, ce sera signe qu'il faudra renouveler le ciment, et lui donner le quatrième degré du feu, et vous trouverez par ce moyen une belle poudre blanche, sur laquelle vous verserez du vinaigre distillé qui doit par la voie de la digestion extraire une couleur brune de cette poudre, et si vous la distillez au bain il restera au fond de votre vaisseau une huile rouge, et presque de la couleur de rubis.

XV. — *Autre huile d'or fort particulière au sieur de la Violette*

Prenez deux livres de sel blanc fondu, une livre et demie, de fin salpêtre, refondez le tout dans un grand creuset, et jetez par-dessus une livre de tripoli pulvérisé, remuant bien la matière, et la jetant après en un mortier de marbre pour la réduire totalement en poudre. Notez que si vous pouvez recouvrer de ces cailloux blancs du lac de Genève, dont nous avons déjà parlé, ou de ces pierres à feu transparentes, calcinées et réduites en poudre, comme on fait d'ordinaire en les jetant dans l'eau, ces choses dit-je seraient beaucoup meilleures que le tripoli. De ce mélange faites comme dessus, vous en tirerez par une cornue de terre les esprits, comme l'on fait ceux des eaux fortes. Cette eau qu'on peut nommer l'esprit, ou plutôt la quintessence du sel commun et du nitre, doit être rectifiée au B. M. par dix ou douze cohobations, remettant la distillation par-dessus le marc, afin d'en tirer cette partie d'eau qui ne participe point de la nature du feu, qu'on appelle le flegme aqueux. Cette opération doit être continuée jusqu'à ce que de deux livres de liqueur, par exemple, il ne vous en reste qu'une demi-livre ou peu davantage, étant alors votre esprit merveilleusement épuré, pondéreux et séparées de toutes ses aquosités superflues.

Ce qu'ayant fait, vous prendrez une partie du régule d'antimoine préparé avec le Mars, et deux parties de Mercure sublimé que vous pulvériserez, mêlerez et mettrez ensemble dans une cornue pour en tirer une liqueur gommeuse, que vous ferez dissoudre à l'humide, laquelle vous redistillerez encore par la cornue pour en tirer une huile claire et pondéreuse comme le Mercure, ce qui succède heureusement, pourvu qu'en la distillation vous en sépariez la première humidité.

Cette huile claire et déflegmée, sera mise dans une cornue de grandeur convenable, et l'esprit de sel que vous avez réservé ci-devant sera mis aussi dans le récipient, ensuite de quoi vous joindrez la cornue avec son récipient, et les luterez ensemble de sorte que rien n'y respire, et donnant feu de sable par degrés, vous tirerez de la cornue une liqueur mercuriale, qui tombant sur l'esprit du sel fera de grandes et d'étranges ébullitions, dont il ne le faut pas s'étonner. Cette distillation étant achevée, vous ôterez soudainement le récipient, et le mettrez dedans de l'eau froide, pour modérer un peu la grande ferveur des esprits, lesquels seront mis après dans un petit alambic accompagné de sa chape et de son récipient, et le tout posé sur l'arène froide la matière distillera sans feu trois jours durant, après lesquels vous pourrez mettre du feu pour achever toute la distillation de la liqueur, cependant vous observerez qu'ils élèvera une poudre blanche qu'il faut que vous mettiez à part pour d'autres usages, quant à la liqueur mercuriale, vous la mettrez dans de fortes bouteilles bien bouchées, et bien ensevelies dans du sable mouillé, de peur qu'elle ne s'exhale par le grand feu dont elle est animée.

Vous ferez d'un autre côté une eau philosophale de sel armoniac et de salpêtre, dont la façon vous a été montrée ci-dessus, et dans quatre onces de cette eau, vous verserez quinze gouttes au plus de votre eau mercuriale qui composeront un extracteur pour tirer la teinture d'une once d'or que vous aurez amalgamé avec deux parts de régule, et quand il aura tiré toute la teinture, vous le séparerez doucement par inclination de votre corps pour y en remettre de nouveau jusqu'à tant qu'il ne demeure qu'un corps blanc, ce que vous ferez au B. M. par une très lente chaleur.

Assemblez toutes ces eaux teintes, et distillez au Bain ce qui sera de plus clair, et le reste mettez-le dans une cornue, poussez-le et donnez sur la fin grand feu, afin de faire sublimer au col de la cornue le soleil qui sera éclatant et radieux comme un rubis, lequel se résout à l'humide en huile, dont les usages sont admirables.

Si vous mêlez ladite eau mercuriale avec l'huile de vitriol ou de soufre par égales portions, et que par la cornue vous en tiriez la liqueur, vous aurez une huile qui se coagule au froid, et se dissout en la main chaude, ou en quelque autre lente chaleur, qui est propre à dissoudre le Soleil et la Lune.

XVI. — *Essence de teinture d'or*

Faites une eau régale avec le sel commun ou le sel armoniac, ou l'esprit de sel, joignez à douze onces de cette eau quatre onces d'un sublimé qui soit fait exprès, et que l'on ait sublimé par sept fois comme l'on le sublime à la première, c'est-à-dire, qu'il soit joint à de nouveau vitriol en la proportion ordinaire, afin qu'il en soit parfaitement empreint. Ayant ainsi mêlé ces choses, vous les laisserez digérer ensemble quatre ou cinq jours, puis les distillerez, et pousserez les esprits jusqu'à ce que le Mercure se sublime. Si vous faites cette opération en bon Artiste, vous aurez une eau mercuriale très excellente, qui dissout et ouvre merveilleusement bien le Sol, car si vous y mettez de l'or dedans, et que vous, teniez le tout en putréfaction par trois fois, séparant à chacune le flegme du dissolvant, votre matière restera bien ouverte ; mais pour l'ouvrir au souverain degré, il faudra remettre de nouvelle eau mercuriale par-dessus votre matière, même il sera besoin de la cohober jusqu'à la troisième fois, après laquelle vous donnerez bon feu de sublimation, et lors vous verrez monter votre Soleil au-dessus de votre alambic rouge comme du sang exalté, volatil fort propre à se réduire en teinture par l'aide de l'esprit végétal animé alcoolisé et rendu capable de la dernière exaltation de l'or. Cela fait vous laverez votre teinture de Soleil avec diverses eaux pour en séparer tous les sels et tous les esprits acrimonieux qui y pourraient être restés, et de cette sorte vous pourrez faire une excellente teinture de Soleil. Vous la pourriez bien faire aussi avec la même eau régale, où en lieu de Mercure sublimé vous mettrez en même quantité de la gomme et huile mercuriale que l'on tire lorsqu'on fait le Mercure de vie, y procédant comme dessus, jusqu'à ce que votre Sol devienne volatil, car c'est en quoi consiste tout le secret de cette opération ; après avoir tiré votre teinture solaire de la sorte, vous irez encore plus avant si vous joignez à trois parties de cet or volatil une partie du Mercure du même luminaire, que vous tirerez par les sels ressuscitatifs, et ainsi vous viendrez à une parfaite Médecine, dont les effets sont souverains et infaillibles pour toutes maladies.

XVII. — *Or sudorifique*

Il faut faire une eau régale et la façon commune, et dans cette eau vous ferez dissoudre de l'or en feuilles ou en limaille, ou bien en petites lamines, puis vous verserez goutte à goutte par-dessus votre dissolution d'une excellente huile de tartre faite par la résolution de son sel, et soudainement il s'élèvera de l'union de ces deux liqueurs une grande ébullition, ce qui fait connaître qu'il ne faut point verser tout à coup votre huile de tartre, mais seulement goutte à goutte comme nous avons dit, faisant de petites ébullitions à chaque foi, continuez cela jusqu'à ce que la matière ne bouillonne plus. Mettez le vase de vos matières quelque peu de temps en un lieu froid, et votre Soleil calciné se précipitera au fond du vaisseau, et quand vous le verrez en cet état, versez doucement toute l'eau par inclination, et lavez les résidences avec des eaux chaudes, et les faites après dessécher avec adresse à la chaleur du Soleil, ou à celle de quelque étuve, de sorte que la matière ne se puisse point enflammer, car étant sèche elle conçoit flamme comme poudre à canon, non seulement à la moindre chaleur, mais mêmes par le seul mouvement, faisant son action en bas, au contraire de la poudre à canon qui pousse en haut, si bien que vous mettez un peu de cette poudre sur un bois bien épais, et qu'on y mette le feu, elle fera un tel effort qu'elle le percera tout outre, et c'est pourquoi on en pourrait faire merveilles, sil était aisé de la porter sans qu'elle s'enflammât, comme elle fait par la seule agitation.

Voilà la matière Solaire d'où les Philosophes nous apprennent à composer le grand Sudorifique qu'ils appellent Or brûlant, duquel ils se servent avec la précaution et manière qui suit. Prenez quatre ou cinq grains de votre chaux d'or, et les mettez dans une cuillère d'argent, que vous remplirez d'un excellent esprit de vin, après mettez y le feu tenant la cuillère bien droite, et la couvrant d'un verre fait en forme de cloche vous sublimerez votre Soleil, et observerez pendant cette sublimation, un petit bruit, et un petit nuage obscur, qui se fera à l'entour du verre. Ce qu'ayant vu vous remettrez de l'eau de vie sur la même poudre, et procéderez toujours comme dessus, réitérant la même opération durant tout un jour, pour avoir une quantité raisonnable de votre soleil sublimé, lequel sera d'une consistance très subtile et azurée, que vous raclerez avec des plumes, et que vous garderez soigneusement. Si vous en donnez deux ou trois grains avec du sucre ou de la conserve ou dans quelque liqueur propre, vous purgerez extraordinairement les malades par une sueur épaisse et onctueuse, pour chasser toutes sortes de fièvres putrides et pestilentes, et mêmes les maladies les plus invétérées et déplorables.

J'ai plusieurs fois observé que cette poudre d'or avant qu'être sublimée, et sans autre préparation que d'être simplement précipitée avec l'huile de tartre, est un remède incroyable pour les pestes, si l'on en, donne peu de grains 24 heures, après avoir été surpris, car elle chasse tout le venin par les sueurs, et réussit fort heureusement, pourvu qu'on se tienne en repos dans le lit, qu'on ne se remue point.

D'ailleurs si vous considérez les grands effets de cette chaux Solaire, et la facilité qu'elle a de concevoir la flamme, peut être trouverez vous qu'elle serait propre à faire le feu des philosophes, dont le Trévisan à tant fait de cas, et qu'il a tenu si caché.

XVIII. — *Or purgatif*

Prenez d'une huile tirée de parties égales d'antimoine purifié et de Mercure sublimé, de l'huile de sel extraite à la façon commune, autant de l'un que de l'autre, et les mêlez ensemble selon l'art, puis les distillez, et dans la liqueur que vous en tirerez mettez y de l'or, et vous le verrez dissoudre soudainement. Cette liqueur ou dissolution de Soleil étant mêlée avec un peu de sucre ou quelque conserve de bon goût, fera des opérations admirables, si vous en donnez à discrétion selon l'âge et les forces des personnes malades. Si l'on tire aussi par l'alambic la liqueur de cette dissolution d'or, il restera une poudre au fond du vaisseau, laquelle retenant en soi les vertus mercurielles de l'antimoine et du sublimé, peut être donnée en substance ou en infusion pour une Médecine purgative, après avoir été bien adoucie.

Ou bien si vous précipitez dans l'eau froide toute la dissolution aussitôt qu'elle sera faite, vous ferez un caillé beaucoup plus excellent que l'ordinaire, pour ce que la chaux d'or y sera comprise, laquelle étant adoucie par diverses ablutions, il s'en fera un grand remède purgatif, soit que vous la donniez en substance ou en infusion avec quelque liqueur convenable.

XIX. — Or de vie

Cet or de vie se fait avec une partie d'or pur et quatre parties de Mercure amalgamés et dissous ensemble avec l'eau forte commune, car le Mercure se dissout en cette eau, et le Soleil s'y précipite en poudre. Faites distiller après l'eau forte jusqu'au sec, afin que le tout se précipite au fond, remettez sur la matière sèche de nouvelle eau forte, distillez encore et réitérez cela deux ou trois fois ; Enfin mettez cette matière en la gerbe pour la calciner parfaitement, et pour chasser toute l'acrimonie des eaux fortes, lavez votre chaux avec l'eau de fontaine premièrement. Et puis avec de excellente eau de vie, et vous aurez un précipité miraculeux, duquel si vous donnez un ou deux scrupules seulement avec deux drachmes de l'essence d'aloès, et autant de celle de myrrhe séparément extraites, et avec une drachme de l'essence de thériaque, vous chasserez la peste provoquant les sueurs en abondance, et ferez un purgatif et parfois un vomitif très excellent.

On pourra si l'on veut tirer un sel, ou bien une essence très noble de ce précipité Solaire, si après avoir été bien adouci par diverses ablutions d'eau commune, on le met en digestion dans du vinaigre quelque temps, dont vous pourrez faire une excellente médecine, quand après l'avoir précipité avec l'huile de tartre, comme il faut pour en tirer l'essence, on vient à l'adoucir encore avec de l'eau commune, et finalement avec de bon esprit de vin.

XX. — Or végétable

Prenez une drachme d'or en limaille ou bien calciné en quelque sorte que ce soit, et de la limaille ou de la chaux de lune trois drachmes, du Mercure de cinabre commun, ou de celui du cinabre fait d'antimoine et de sublimé douze drachmes, mêlez le tout ensemble dans un grand matras, et après l'avoir bouché de coton seulement, vous le mettrez sur un feu médiocrement chaud, et vous verrez la matière croître et végéter de jour en jour, en forme de feuilles, ce qui peut arriver en moins de trois semaines, et qui vous donnera autant de plaisir que d'étonnement à le voir, dont vous pourrez faire quelque belle composition pour la santé.

XXI. — Or calciné des Philosophes

Amalgamez une once d'or avec sept onces de Mercure bien purifié, remuez bien sur le feu l'un et l'autre avec un bâton, et l'ayant tiré hors du feu vous continuerez à le remuer durant un quart d'heures puis vous le jetterez dans une écuelle pleine d'eau froide, laverez après votre matière avec du vinaigre et avec de l'eau, puis tous la sécherez dans un linge bien net, et finalement vous la mettrez dans une livre de bonne eau forte, et la tiendrez dans un matras dessus le feu, jusqu'à ce que le Mercure soit dissout et que votre or tombe au fond en chaux ou en poudre impalpable, laquelle sera mise dans autre matras avec du vinaigre, et là vous la ferez bouillir durant six heures, après vous verserez le vinaigre, et y mettrez en sa place de l'eau, que vous tiendrez encore sur le feu, pour adoucir votre matière, continuerez d'y remettre de nouvelles eaux jusqu'à ce que tous les esprits des eau fortes en sortent dehors. Après cela vous mêlerez votre poudre avec six onces de bon sel commun préparé, que vous mettrez dans un creuset couvert d'un autre percé, et le porterez dans un petit four plein de charbons ardents, où vous le tiendrez 24 heures, laissant mourir le feu dessus les creusets, vous en tirerez enfin le sel dissolutions et ébullitions d'eau bouillante et votre or vous restera, pur et net, préparé et calciné à la manière des Philosophes.

Vous avez ici plusieurs belles méthodes de tirer les esprits de l'or, d'en extraire les teintures, et de les réduire en essence potable. Nous pourrions vous en donner encore plusieurs autres descriptions qui se trouvent dans les écrits de notre Auteur, en ayant eu (comme il dit lui même en sa Tétrade) connaissance de plus de cinquante manières, mais nous nous contentons de vous présenter celle-ci, avec promesse de vous donner bientôt la communication du reste.

CHAPITRE III

DE L'ARGENT

I. — Belle préparation de Lune contre les affections du cerveau

Pour préparer la Lune et la rendre propre contre les plus fâcheuses maladies du cerveau, il la faut calciner philosophiquement, et la dissoudre après dans de l'excellente huile de vitriol de Chypre, qui seule a cette vertu de réduire en liqueur les métaux parfaits sans l'aide du salpêtre ; quand vous aurez dissout la Lune, vous ferez évaporer ou distiller la moitiés du dissolvant, et mettrez le reste au froid, où se formeront les glaçons de Lune, lesquels vous pourrez résoudre dans de l'huile de sauge pour vous en servir contre la manie et autres maladies de cette nature.

II. — *Autre préparation*

Un certain Philosophe de mes amis et grand personnage, prépare un excellent remède avec la Lune en cette sorte, il fait calciner des lames d'argent avec du soufre, les mettant lit sur lit entre deux creusets, prenant bien garde que le soufre ne s'allume ni ne s'enflamme aucunement, et pour ce que le soufre devient noir comme du charbon, il le sépare des lames de la Lune avec de l'eau, et trouve après ses lames calcinées et en état de ce pouvoir réduire en chaux subtile les pilant dans un mortier, et quand il a préparé cette chaux la met dans une cornue et verse de l'eau dessus, puis il distille et cohobe plusieurs fois, et dit que par ce moyen l'esprit de la Lune passe en partie avec l'eau, et que si on donne de cette eau seulement quelques cuillerées aux malades de la manie, mélancolie, et autres infirmités du cerveau, on en reçoit un merveilleux soulagement.

III. — *Huile de Lune*

Prenez des lames de Lune coupées en petits morceaux, et les faites dissoudre dans une eau forte, qui soit rectifiée avec du sel de tartre ou composée avec le même sel, et lorsque votre Lune sera dissoute par cette eau, versez y un peu de bonne eau de vie et puis la laissez reposer 24 heures en un lieu froid et humide, et dans ce temps là, il se doit former au fond des petits cristaux ; d'autre part vous prendrez des blancs d'œufs, que vous distillerez, et dans cette eau distillée vous y ferez digérer deux ou trois jours vos cristaux, et puis vous mettrez le tout dans un alambic où vous ferez distiller par le bain, et il vous restera au fond du vaisseau une huile d'argent très précieuse.

IV. — *Mercure de Lune*

On tire diversement le Mercure de Lune, quelques fois on se sert des longues et fréquentes triturations du Mercure commun avec la Lune, jusqu'à ce que le tout passe par la peau de chamois en forme d'argent vif. Quelquefois on use de la chaux d'argent faite avec le Mercure vulgaire qu'on imbibe d'huile de tartre et du vinaigre animé de sel armoniac, et qu'on ressuscite après par le moyen des eaux chaudes qui séparent les fèces de la chaux de Lune et en font paraître le Mercure. Cette façon est beaucoup meilleure que celle des putréfactions que plusieurs autres font dans les sels ressuscitatifs et qu'ils subliment après. À la vérité l'on tire bien de cette sorte le Mercure de Lune, mais c'est en fort petite quantité.

Or pour tirer plus aisément le Mercure de l'argent, il faut prendre des lames de Lune fort déliées, les mettre dans un matras et verser par-dessus du végétal ressuscitatif calciné jusqu'à la blancheur, et sur ce végétal on doit mettre de l'aigle volante et du sel armoniac, et que les doses soient en telle proportion, que sur trois onces de lamines de Lune, on se contente d'y mettre autant du végétal ressuscitatif qu'il en faut pour couvrir les lamines, et trois onces de l'aigle volante, et une once et demie de sel armoniac, mettez le tout dans une terrine sur un feu que vous gouvernerez selon l'art, et vous trouverez au fond votre Lune toute rongée, qui vous aura laissé deux onces de Mercure coulant, ou pour le moins une once et demie, si vous travaillez régulièrement.

V. — *Calcination de Lune*

Amalgamez une once de Lune de coupelle en limaille ou en feuilles avec huit onces de Mercure purifié, broyez cette matière avec du sel commun préparé durant une heure, dans un mortier de bois, puis ôtez le sel par des ablutions d'eau commune, cela fait, broyez encore la même chose durant une heure avec de l'eau simple toute pure, après vous mettrez du sel dans l'eau pour broyer encore une heure cet amalgame, puis vous répéterez la même chose avec de l'eau seule, derechef avec du sel, continuant ce procédé jusqu'à vingt fois; mais à la dernière vous y laisserez le sel et mettrez le tout dans un grand creuset entre les charbons ardents, tournant et broyant toujours cette mixtion, jusqu'à ce que le Mercure en soit entièrement exhalé, enfin vous laverez votre matière restante avec de l'eau chaude pour la purifier de son sel, et vous trouverez au fond de votre vase une chaux de Lune très subtile, très blanche et telle que doit être la chaux philosophique des métaux.

CHAPITRE IV

DU FER

I. — Préparation du fer qu'on appelle Crocus Martis

Prenez de la limaille d'acier ou des lames qui soient bien déliées et les arrosez d'urine ou d'eau commune seulement, et dans peu de temps il se formera une rouille sur la superficie de la matière; d'abord que vous la verrez paraître, vous jetterez votre acier dans de l'eau bouillante qui attirera toute la rouille, si vous troublez l'eau quelque temps avec les mains, car par une telle agitation vous séparerez le plus subtil, faisant cela plusieurs fois pour avoir bonne quantité de cette rouille; vous prendrez cette masse et la mettrez en un creuset dans un four à vent, et soudainement votre mars se rougira, lequel sera très facile à dissoudre dans une eau forte composée de deux parties de vitriol, d'une de sel commun et de deux de bol; si vous laissez dans cette eau quatre ou cinq jours votre acier rouge, il se dissoudra parfaitement, et si vous en séparez l'eau par l'alambic et que vous poussiez le feu sur la fin, votre fer sans doute se sublimera, lequel étant mis à l'humide se résoudra en huile rouge très précieuse.

II. — *Régule de Mars*

Ce régule se prépare en diverses façons, mais celle-ci passe pour la meilleure quand on prend quatre onces de clous de maréchal, qu'on les met dans un creuset sur un grand feu pour les faire rougir, et qu'après on y jette par-dessus huit onces d'antimoine avec un peu de salpêtre, et le tout se fond facilement en eau sans y mêler du tartre comme l'on fait à l'ordinaire, tirez après votre creuset du feu et le laissez refroidir à l'air, puis cassez le creuset, et vous trouverez le régule au fond que vous séparerez de sa crasse, et que vous ferez refondre encore une fois avec une once de salpêtre ; après vous le refondrez tout seul par deux fois, et vous trouverez à la dernière quatre ou cinq onces de fort beau régule, qui portera l'impression de l'étoile de Mars.

III. — *Teinture de Mars*

Prenez du susdit régule de Mars, telle quantité qu'il vous plaira, et avec du sable d'Étampes ou de la pierre ponce, préparée à la manière que nous avons déjà spécifiée, faites lit sur lit dans un creuset que vous luterez, et que vous mettrez après calciner au feu de réverbère 24 heures, puis étant froid, vous mettrez en poudre subtile toute votre matière, et verserez par-dessus de bon vinaigre blanc pour en tirer la teinture, qui rendra votre vinaigre vermeil et le plus beau du monde, duquel vous donnerez une pleine cuillerée dans du bouillon aux femmes malades des fleurs blanches, ou du flux de sang maternel. Ce même remède sert aussi pour arrêter toutes sortes d'hémorragies et débordements de sang. Avec ce régule martial on peut ajouter tous les métaux, pour en tirer après la teinture selon la méthode que nous venons de prescrire, pour en faire un remède à une infinité de maladies.

IV. — *Sel ou cristal de Mars*

Il faut prendre du mâchefer, le mettre en poudre le plus subtilement qu'il sera possible, après il faut le réverbérer 24 heures, et verser par-dessus d'un bon vinaigre distillé, pour extraire le sel ou le cristal de votre matière, et quand votre extrait sera coloré, vous le verserez par inclination pour en remettre d'autre en sa place, et lorsque vous aurez assez de vinaigre teint, vous le ferez distiller jusqu'au sec, et dans le fond de votre vaisseau, vous trouverez une matière jaunâtre, qui est le sel que vous demandez. Vous le rendrez si vous voulez de couleur blanche comme neige, si vous y remettez de nouveau vinaigre par-dessus et que vous le fassiez digérer et distiller comme devant, jusqu'à ce que votre sel demeure fort blanc et cristallin et que le vinaigre en sorte insipide comme de l'eau, si de cette eau vous en donnez une cuillerée ou deux, et de ce sel environ cinq ou six gains, vous produirez des effets incroyables contre les jaunisses, les hydropisies, les cachexies, les pâles couleurs et autres semblables maladies, et ce qui semble de plus merveilleux, c'est que cette opération se fait sans violence, et sans autre action manifeste que par celle des urines.

CHAPITRE V

DU CUIVRE

I. — Moyen d'extraire le vitriol de Vénus

Le vitriol que l'on tire du cuivre passe dans le sentiment de tous les Philosophes pour le meilleur de tous, tant pour les corps humains, que pour les métalliques.

La méthode de le tirer veut qu'on prenne du meilleur cuivre calciné par le soufre, ou d'un excellent vert de gris, ou d'un bon *aes ustum*, et que l'un ou l'autre de ces trois cuivres préparés soient mêlés avec du vinaigre, pour en tirer le sel et les cristaux, et qu'après on en fasse exhaler le vinaigre jusqu'au sec, et la matière qui reste au fond du vase est ce qu'on appelle vitriol de Vénus.

On le prépare plus avant, quelques fois on en tire l'huile, de laquelle on use principalement en la précipitation du Mercure de Vénus, lequel précipité sert d'un excellent sudorifique et bézoardique contre toutes sortes de pestes, si l'on en donne un grain ou deux seulement.

II. — *Mercure de Vénus*

La plus courte préparation de ce Mercure est de prendre une partie de la limaille de cuivre la plus pure et fraîche qui se pourra trouver, deux parties de sel armoniac sublimé, et autant ou un peu davantage du sel d'or ; après on met ces trois choses en poudre le plus subtilement que l'on peut, puis étant mêlées, on les met dans un grand matras qu'on ensevelit dans le sable, pour lui donner un double feu, c'est-à-dire dessus et dessous jusqu'à ce que la matière se puisse fondre comme de la cire, et lors vous tirerez votre matras hors du sable et du feu, pour le jeter dans un vaisseau plein d'eau fraîche, et soudainement votre Mercure coulera dedans l'eau clair et net, de couleur verdâtre.

Prenez de ce Mercure de Vénus, mettez le dans un pot d'alambic, et versez par-dessus de bon esprit de soufre ou de vitriol, tenez le en digestion quelque temps et puis distillez, remettez la distillation par-dessus le marc de votre cuivre redistillez, continuez cette opération, jusqu'à ce que votre matière devienne de couleur du souci, et pour la rendre plus innocente vous l'adoucirez et la dépouillerez des impressions du sel, par plusieurs ablutions des eaux propres à cet effet ; Si cette opération est faire exactement, vous avez en main un des plus grands remèdes sudorifiques contre la peste, dont la dose n'est que d'un seul grain, ou de deux au plus, avec quelque liqueur convenable.

CHAPITRE VI

DE L'ÉTAIN

*I. — Remède spécifique tiré de fleurs de l'étain contre
les suffocations de matrice*

Il faut tirer les fleurs de Jupiter par le moyen d'un vaisseau de terre, qui fois composé de plusieurs petits pots, posés l'un sur l'autre, et lutés de telle sorte qu'ils ne fassent qu'un corps et qu'un canal, et dans cette sorte de vaisseau vous jetterez peu à peu de la limature, de Jupiter, mêlée avec du salpêtre pulvérisé, mais auparavant que de jeter cette matière, il faut que votre vaisseau fois échauffé jusqu'à la rougeur, et vous verrez incontinent après la protection monter l'esprit du salpêtre, qui distillera bientôt dans les autres vaisseaux inférieurs.

Si vous faites cette opération selon l'art, vous ferez sublimer le Jupiter en forme de fleurs, et finalement vous le verrez distiller dans les autres vaisseaux qui sont au-dessus, si bien que d'une livre de Jupiter, vous en pourrez extraire pour le moins demi livre d'esprit.

Toutefois je ne serais pas d'avis de passer jusqu'à l'extraction de cet esprit, mais bien qu'on s'arrêtât plutôt à ramasser les fleurs aussitôt qu'elles seront élevées, et qu'elles paraîtront attachées au vaisseau blanches comme neige, sans leur donner le temps de fondre, et de distiller en bas par la force du feu, car en cette nature de fleurs, le Jupiter se trouve préparé de telle sorte, qu'on en peut tirer le sel à la faveur du vinaigre duquel on se peut servir pour beaucoup d'opérations médicinales et métalliques, d'autant que ce sel étant dissout, comme il peut être à l'humide, il se convertit en une huile admirable contre toutes les maladies hystériques ; car si vous en donnez seulement depuis quatre jusqu'à six gouttes dans de l'eau de mélisse, ou dans quelque autre liqueur convenable, vous arrêterez aussitôt toutes suffocations de matrice.

II. — *Poudre excellente pour la suffusion des yeux préparé avec l'étain*

Devant que de passer au remède particulier de la suffusion des yeux, il faut user des généraux et travailler surtout au retranchement de la cause première, et à la suppression des fluxions qui tombent du cerveau sur cette noble partie. Après il faut arroser les yeux malades de l'eau que vous préparerez suivant cette méthode. Faites fondre de l'étain fin en un feu lent, et le remuez aussitôt qu'il sera fondu jusqu'à sa parfaite réduction en chaux, cela fait prenez de cette chaux de Jupiter quatre onces, de la tuthie d'Alexandrie deux onces, et de la poudre de cristal deux onces, mêlez ces trois poudres ensemble et la mettez dans un creuset au milieu d'un grand feu de charbon pour les embraser jusqu'à la blancheur du feu, après retirez votre creuset tout étincelant, et versez la matière qui sera toute allumé dans du vinaigre distillé, où vous la laisserez éteindre tout à fait, ensuite versez le vinaigre par inclination, et remettez la matière dans un autre creuset pour la faire rougir dans les charbons ardents comme auparavant, et pour l'éteindre enfin dans du nouveau vinaigre comme dessus.

Mais vous remarquerez que la rougeur de la seconde ignition doit être grande, et que la matière devant qu'être mise au feu pour la seconde fois, doit être mise en poudre. si bien qu'il faut qu'elle soit si sèche et si chaude, qu'elle puisse boire en deux fois la moitié du vinaigre distillé ; cette matière étant ainsi deux fois éteinte, il la faut laisser reposer quelque temps, afin qu'elle aille au fond, et puis vous en ferez exhaler le vinaigre sur un petit feu de cendres, et il restera une matière pâteuse sur laquelle vous verserez de l'eau rose, qui surnage deux ou trois doigts, mais il faut que tout cela soit mis de la sorte dans un matras mien luté sur un bain ordinaire, pour être circulé deux ou trois jours, au bout desquels vous trouverez une eau spécifique et propre contre toutes les suffusions de la vue, et cette cure est d'autant plus admirable qu'elle se peut faire dans peu de jours, car il ne faut seulement qu'en arroser les yeux quatre ou cinq fois, pour ôter la cause de ces larmes qui empêchent beauté de leurs fonctions.

CHAPITRE VII
DU PLOMB

I. — Préparation du Saturne expérimentée contre la lèpre des corps humains, et métalliques, et dont on peut faire un olympique dissolvant

Faites distiller en grande quantité de bon vinaigre, jusqu'à ce que vous en ayez un poinçon, car c'est la base et le fondement de cet œuvre. Et pour le mieux fortifier, distillez le plusieurs fois sur les fèces, après mêlez tout ce que vous en aurez distillé avec autant d'autre, qui ne sera point déphlegmé et les faites passer ensemble, afin que le distillé en devienne plus efficace.

Pour les lies qui resteront au fond on les peut mettre dans une cornue sur un bon feu, par la force duquel on en peut tirer une excellente huile, qui peut brûler d'elle même, et dissoudre toutes sortes de minéraux.

Après avoir préparé ce dit solvant, il faut prendre 80 livres de litharge en poudre, et non de la céruse, ni du minium, ni de la chaux de plomb, comme font plusieurs Artistes, et surtout Isaac Hollandais, prenez, dis-je, cette litharge, et la mettez en divers matras fort grands et fort capables, et versez par-dessus de votre vinaigre distillé tant qu'il surnage de six doigts, puis sur un feu de cendres, vous en tirerez le sel de Saturne par une lente digestion, et sur les fèces qui resteront après l'extraction du sel et des cristaux, vous verserez de nouveau menstrue en la même quantité que nous avons dite ci-dessus, et ce la vous le continuerez jusqu'à ce que toute votre litharge soit réduite en cristaux, qui sont à parler proprement, ce que les Philosophes appellent le chaos ou la première matière métallique.

Sur cette matière cristalline, vous remettrez pour la dernière fois de nouveau vinaigre distillé, vous ferez dissoudre le tout sur un feu lent, et le filtrerez afin qu'il se fasse un menstrue parfaitement pur et net, lequel étant passé par le bain vaporeux, laissera dans le fond de l'alambic une matière fondante comme la cire, la quelle s'endurcir au froid comme elle se fond à la chaleur.

Après vous diviserez cette matière fondante en plusieurs alambics, et remettrez par-dessus du nouveau menstrue petit à petit, comme pour le nourrir et l'abreuver seulement, ce que vous ferez en ne versant d'abord que deux onces, puis trois, puis cinq, puis sept, augmentant de la sorte jusqu'à ce que la matière n'en veuille plus recevoir, ce que vous connaîtrez quand vous verrez que le dissolvant en sortira autant aigre qu'il était au commencement, si bien que toutes les fois que vous distillerez votre matière imbue, vous prendrez garde de continuer jusqu'à ce que le flegme en soit aussi aigre que devant, car c'est ainsi que l'enfant rejette le lait de sa nourrice après que son estomac en est rempli.

Cette matière étant ainsi préparée et convertie en une gomme excellence et précieuse, vous la digérerez au bain vaporeux l'espace à de 30 ou 40 jours, jusqu'à ce qu'elle devienne de couleur noire, et d'une odeur puante comme celle de la poix liquide, et c'est de cette poix liquide et noire, que vous devez tirer sur le même bain un flegme excellent, qui peut servir de menstrue propre à tirer de la terre calcinée un sel précieux, comme nous dirons ci-après; et d'autre côté par la continuelle distillation que vous ferez de ladite poix sur l'arène, faisant enfin bon feu dessus et dessous, vous tirerez par les degrés ordinaires jusqu'à feu très violent, une huile rouge et fort épaisse, laquelle jointe avec les distillations précédentes, composeront ensemble une eau aussi forte et violente comme celle que l'on tire du vin, et qui sera même d'aussi grande vertu laquelle est appelée par les Philosophes l'eau de vie de Saturne, dont la substance est si pure et si subtile, qu'il la faut tenir dans un vaisseau bien clos de peur qu'elle ne s'exhale.

Pour achever la perfection de ce dissolvant, il faut remettre cette eau de vie de Saturne sur un bain doux, dans un alambic à col fort long, où le plus pur esprit de cette eau montera le premier imperceptiblement, jusqu'à ce que vous verrez paraître quelques lignes quelques filaments à travers le verre de la chape, qui sera signe infaillible que tout l'esprit sera monté, c'est pourquoi vous cesserez alors cette distillation, pour retirer ce premier esprit précieux que vous conserverez soigneusement en un lieu froid, et dans un vaisseau bien sigillé.

Après cet esprit, il sortira par un bain plus fort, un flegme lacté qui peut servir beaucoup mieux que le premier dont nous avons parlé ci-devant, à laver votre matière calcinée, et finalement par un degré de feu plus fort, après avoir changé de récipient, vous séparerez encore une eau ardente, qui d'abord sortira blanche et aqueuse, et puis rouge oléagineuse, mais celle-ci sera pesante et restera dans le fond du vaisseau, toutefois vous la pourrez faire passer si vous voulez par la force d'un plus grand feu.

Quant aux terres ou fèces qui resteront au fond des cornues en forme de poudre noire, elles se peuvent encore dissoudre par un autre nouveau vinaigre distillé, et se convertir par ce moyen en de nouveaux lapis d'une consistance gluante et gommeuse, et finalement par l'aide des digestions et des distillations observées ci-dessus, en des esprits merveilleusement actifs et brûlants.

Quelques-uns divisent cette terre en deux, et quoique Isaac même repousse cette division, néanmoins j'estime que le meilleur et le plus court sera de calciner toute la terre ensemble, et de la réverbérer par une douce flamme jusqu'à ce quelle soit jaunie comme de l'ocre, et quand cette terre sera jaune par la cohobation des flegmes, on en pourra de nouveau séparer le sel, selon les règles et les opérations ordinaires de l'art.

Étant parvenu à l'extraction de ce rare et précieux sel, vous prendrez le premier esprit que vous aurez tiré peu à peu par diverses cohobations et que vous aurez réservé, puis vous le verserez sur une once de ce dernier sel, réitérant cette imbibition, jusqu'à ce qu'une once de ce sel en pèse trois ou quatre, et qu'il ait retenu le poids du sel armoniac de cet esprit, et qu'enfin le volatil sur passe le fixe ; si vous travaillez à cette opération exactement, vous trouverez au fond une terre excellente, laquelle vous sublimerez dans un rencontre de verre bien clair et bien scellé, où vous aurez le plaisir d'y voir sublimer un Mercure philosophal en forme d'une terre foliée, ou plutôt d'un beau talc que vous garderez comme une matière de grand prix.

Pour couronner cette œuvre il faut prendre une part de ce Mercure et la joindre avec de l'esprit dont nous avons parlé ci-dessus, ou bien avec autant de la première eau ardente pour en faire un dissolvant de Soleil et de Lune, tel que les Philosophes l'ont imaginé, capable de les réduire en un esprit, sans détruire leurs corps, ni sans perdre leurs espèces. Si bien que de cette vraiment philosophique dissolution, on en peut faire des œuvres admirables pour la santé des corps humain, aussi bien que des métalliques. Cela même se peut faire du coral comme de la litharge, et en ce cas vous en ferez sans doute le plus beau et le plus innocent de tous les dissolvants.

II. — *Autre dissolvant de l'or par les glaçons de Saturne*

Prenez du minium ou pour le mieux de la litharge, dissolvez-la dans du vinaigre par deux fois, puis la filtrez et la congelez, réitérez cette opération de dissoudre, de filtrer et de congeler trois fois, et quand à la dernière vous aurez congelé jusqu'à la consistance de l'huile, vous mettrez votre congélation en un lieu froid l'espace de huit ou dix jours, durant lesquels il se formera des glaçons, dont vous verserez par inclination toute l'humeur, et les déssécherez fort doucement sur un linge près du feu, mettez après ces glaçons ainsi desséchez dans un pot d'alambic, avec de la bonne eau de vie rectifiée trois fois sur du sel commun préparé et fondu, renouvelant à chaque fois le même sel, ou plutôt la faisant passer sur du soufre ou du vitriol ; puis vous mettrez le tout en digestion au bain par trois ou quatre jours ; enfin distillez cette eau de vie ainsi rectifiée sur les glaçons dont nous venons de parler, jusqu'en consistance de miel ou d'huile.

Cela fait, vous laisserez congeler derechef votre matière en forme de glaçons que vous broierez avec de l'or calciné, à savoir six poids de glaçons avec un d'or seulement, puis vous mettrez le tout dans une cornue bien bouchée au ventre du cheval l'espace de 40 jours, de là vous porterez votre vaisseau sur un feu de cendres, pour en distiller doucement toute l'humidité étrange, et le mettant après sur le sable vous en tirerez l'huile avec beaucoup de fumée blanches que les Philosophes appellent menstruelles, ce que vous ferez augmenter le feu, par les degrés de l'art.

Pour achever heureusement cet ouvrage, vous prendrez toute l'huile et la mettrez dans un petit alambic sur un B. M. fort doux, pour en tirer premièrement l'eau de vie, et secondement le flegme que vous discernerez de l'eau de vie par les larmes qui retomberont dans le récipient. Prenez ensuite cette eau de vie, et la mettez sur les fèces de votre huile, et laissez ainsi et l'autre deux jours au bain, et tant que votre eau y devienne colorée, après distillez cette eau teinte et la remettez sur la matière, pour la distiller encore, et continuez ainsi de distiller et de remettre l'eau sur les fèces de l'huile jusqu'à ce que vous en ayez tiré toute la teinture.

Que si les eaux que vous avez tiré de votre huile n'étaient suffisantes pour l'entière extraction de votre teinture, vous les mettez dans un bain doux pour en tirer le tiers, qui servira encore une fois à tirer le reste de la teinture qui sera dans les fèces de votre huile, selon le procédé que nous avons montré ci-devant ; enfin vous retirerez par le bain toute votre eau de vie teinte (laquelle vous pourra toujours servir) et vous trouverez au fond une huile d'or, très excellente pour la santé, étant aromatisée avec une huile de cannelle ou autrement, et donnée avec les eaux spécifiques aux maladies à qui vous voulez opposer sa vertu.

III. — *Huile de Saturne*

Prenez de la chaux de plomb et la dissolvez dans de fort bon vinaigre, puis filtrez et à feu lent évaporez les trois parties de votre vinaigre, laissez enfin congeler le reste 24 heures ou à l'air si c'est en Hiver, ou dans la cave si c'est en Été, et dans ce temps-là le sel du plomb se convertira tout en glaçons, séparez après par inclination votre vinaigre, et mettez les glaçons sur un petit feu de cendres pour en séparer le reste du vinaigre que vous y pouvez avoir laissé ; et cette opération se fera par le bain jusqu'à ce qu'elle vous laisse vos glaçons entièrement secs. Quand ils seront en cet état, vous les mettrez, après les avoir réduits en poudre, dans un matras, et verserez par-dessus du nouveau vinaigre qui soit de la même force que le précédent, puis vous dissoudrez, filtrerez et évaporerez des trois parts des deux de votre menstrue, et laisserez finalement former des glaçons au froid de l'air ou de la cave comme auparavant.

Il faut après distiller le reste de votre vinaigre par la cornue à feu lent du commencement, et puis à tel degré de chaleur qu'il en sorte une belle huile rouge, ce qu'étant arrivé, vous changerez promptement de récipient, et puis augmentant le feu de flamme, vous tirerez toute l'huile de Saturne dont les qualités sont diverses, tant pour la médecine des corps humains, que pour celle des métaux.

IV. — Autre excellente huile de Saturne

Il faut tirer le sel de Saturne calciné, ou de la céruse selon la méthode de l'art, puis le dissoudre, le filtrer et le coaguler avec des eaux communes, autant de fois qu'il est nécessaire pour le rendre parfaitement blanc et cristallin. Après vous le mettrez au B. M. avec un bon esprit de vin pour le circuler quelque temps, afin qu'il devienne plus net et plus pur qu'il n'est d'ordinaire par les préparations communes, et finalement il le faut remettre au même bain avec de l'eau rose, pour le circuler comme devant.

Ce sel ainsi préparé se résout en une huile précieuse donc 4 ou 5 gouttes seulement mêlées avec une liqueur convenable, feront un remède, très grand et très prompt contre toutes les inflammations internes, telle que sont les péripneumonies, les pleurésies, les chaleurs de foie, les fièvres, et semblables. Ses vertus vont encore plus avant, car elles éteignent toutes les inflammations externes et guérissent même les ophtalmies, si on mêle un peu de cette huile avec de la tuthie préparée. Elle est aussi excellente contre toutes les sortes d'ulcères chancreux.

V. — Fleurs de Saturne qui sont un remède spécifique aux ophtalmies

Il faut faire un vaisseau de terre qui soit composé de huit ou neuf petits pots, mis l'un sur l'autre, comme nous l'avons dit au Chapitre de l'étain, et par le canal vous jetterez peu à peu la limature de plomb mêlée avec du salpêtre, après que le vaisseau sera rouge de feu, alors vous verrez distiller l'esprit du salpêtre par le bec du premier pot d'en bas, et la douceur de Saturne montera dans les autres vaisseaux supérieurs en forme de fleurs, si bien que d'une livre de Saturne vous en tirerez toujours demi livre de ces fleurs, desquelles vous ferez le sel avec le vinaigre et de ce sel réduit en huile vous aurez un remède excellent contre l'ophtalmie et contre toutes les maladies des yeux.

VI. — *Extraction du mercure de Saturne*

Prenez deux livres de bon minium tel qu'il est lorsqu'il se peut convertir promptement en verre, mettez le dans un creuset au milieu d'un grand feu et l'abreuvez d'un vinaigre excellent par six ou sept fois, après mêlez avec ce minium préparé de la sorte autant de tartre cru, et finalement distillez ce mélange de minium et de tartre par la cornue l'espace de douze heures, mais faites que le feu soit fort bon dès le commencement, et vous aurez dix sept onces de mercure dans votre récipient qui doit être à demi-plein d'eau froide ; et pour ce qu'au fond de la cornue il se trouve de vrai or, on peut s'imaginer avec apparence de raison qu'elles sont l'or, que les Philosophes ont appelé le grain fixe séparé de son Mercure, et de fait un tel mercure Saturnien est beaucoup plus léger et plus vif que n'est le mercure vulgaire.

VII. — *Autre façon d'extraire le Mercure de Saturne*

Mêlez deux livres de minium avec autant de bon tartre, et les mettez dans un pot qui soit vitré et percé de petits trous par le fond, après mettez ce pot sur un autre qui ne soit ni vitré, ni percé, que vous mettrez sous terre pour servir de récipient, après avoir bien luté les jointures et mis au fond un peu d'eau fraîche pour attirer le mercure, et empêcher la rupture du vaisseau. Enfin couvrez bien le pot qui contient la matière d'un autre pot fort bien luté, et lui donnez un feu médiocre durant les six premières heures, puis un plus grand feu durant les six autres, et finalement lui donnerez très grand feu aux six dernières heures, et vous trouverez le mercure de Saturne au fond de votre récipient.

VIII. — *Manière de faire le verre de Saturne*

Le Saturne est un métal de qui les effets, sont si grands et si merveilleux pour la santé mêmes de corps humains, que non seulement en l'état où nous venons de le préparer, il peut quelques fois produire, de grandes choses, mais encore, si par les règles de la vraie philosophie on le vitrifie par la force des calcinations et des réverbérations.

Car le verre étant comme il est, l'extrême degré, et la dernière perfection où toutes choses peuvent être emmenées par art, il ne faut point douter que celui de plomb ne possède en soi, non seulement une matière très pure, mais encore une abondance extraordinaire de sel, plus grande même qu'on ne la peut trouver en nul autre métal, car le Saturne abonde si fort en sel que par le vitrification les deux autres principes, qui sont les liqueurs et les soufres se perdent totalement, si bien qu'il ne reste d'ordinaire que le pur sel, qui souvent surmonte plus de la moitié le poids du métal dont il est extrait, c'est pourquoi les Philosophes qui cherchent le mercure et le soufre de Saturne, crient si hautement, Cauete, Cauete à vitrification.

Cela nous apprend que toutes les choses métalliques qui participent plus du sel que des deux autres principes, se peuvent entièrement vitrifier, entre lesquelles le Saturne, dont nous parlons, qui étant plus pourvu de sel que de mercure ni de soufre, se réduit facilement en verre.

Ce n'est pas que les autres métaux ne s'y puissent aussi réduite par la longueur et par la force d'un feu continuel, excepté l'or, qui étant d'une nature plus parfaite que les autres métaux à cause de la grande égalité et combinaison des éléments qui sont en lui, ne peut être aucunement réduit en verre, car on le trouve si justement composé d'eau, de terre et d'air, que rien ne peut exercer sur lui aucune altération de rouillure ni de corruption, même le feu ne saurait imprimer aucun changement en sa masse, d'autant qu'elle est d'une nature ignée, et qu'au lieu d'en être détruite, elle en est plutôt conservée, par cette maxime de nature, que tous les semblables aiment et conservent leurs semblables.

Pour le fer il n'est pas absolument impossible de le vitrifier, quoique l'on ne le vitrifie qu'avec beaucoup de difficultés, pour ce qu'il participe beaucoup plus du soufre, qui est d'une nature ignée, que du sel, qui comme nous avons dis, est la base de toutes les vitrifications, car le sel étant d'une nature terrestre, se purifie par la force continuelle du feu, et se réduit finalement en verre et en une nature pellucide et transparente.

L'argent n'est guères moins difficile à devenir verre que le fer, pour ce qu'il est d'une substance grandement fixe, et si ce n'est qu'on le pousse en partie à cette perfection, par les additions des sels et par la longueur des grand feux, encore ne sera-t-il véritablement verre, mais plutôt une pierre de couleur hyacinthe, à qui la violence du feu aura fait perdre la sienne de saphir, pour ce qu'elle est volatile, et non entièrement fixe comme la substance de l'argent.

Mais revenons à notre Saturne, lequel est le fondement dont on fait toutes sortes de pierreries artificielles, après que les Artistes l'ont réduit en glaçons par l'aide de l'acide dissolvant végétable. On fait donc le verre de Saturne en cette sorte.

Prenez du minium quatre parties, du sable d'Étampes ou de petits cailloux blancs de rivière, bien calcinés une partie, mêlez cela en un creuset dans un grand feu, et vous ferez promptement un verre qui sera de couleur jaune et de nature transparente, lequel peut donner un bon ingrès aux médecines trop fixes, et trop sèche et par conséquent privées de leur incération.

Vous remarquerez que ce verre de Saturne n'est point composé du mélange des cailloux, ni d'aucune autre chose que l'on puisse ajouter à sa vitrification, mais qu'il est tel de sa propre nature, et pour preuve de cela, si vous le remettez en la même nature métallique où il était, et qu'après sans le faire passer par aucune calcination, vous le mettiez, tout plomb qu'il est en un creuset bien luté dans le four d'un verrier ou d'un potier, durant tout le temps de la cuisson des pots, et qu'après avoir retiré votre matière, vous broyez ce qui ne sera pas vitrifié dès la première fois, que vous le remettiez au même four pour y être réverbéré de nouveau, et que vous continuiez cela trois ou quatre fois, vous trouverez votre Saturne entièrement réduit en un verre très beau et très propre à la composition des pierreries.

Si vous voulez vous exempter de la peine de pulvériser si souvent votre matière, il ne faut que la mettre dans le feu du verrier, car au bout de cinq ou six jours qu'il aura demeuré dans ce feu continuel, il ne manquera pas de s'y vitrifier aussi bien qu'en toute autre façon.

Je pense que si l'on faisait sublimer ce verre de Saturne avec du sel armoniac on le pourrait rendre fondant à la chandelle, et par ce moyen en faire une cire transparente. Comme aussi si l'on mêlait ce même verre réduit auparavant en poudre, avec du camphre, ou du succinum, ou avec quelque autre résine ou gomme sulfureuse et transparente, on en pourrait faire une belle cire d'Espagne diaphane et pellucide, laquelle ne serait à la vérité propre que pour l'usage des grands Seigneurs, à cause qu'elle ferait extrêmement chère.

CHAPITRE VIII
DU MERCURE

I. — Purification du Mercure

Prenez de bon Mercure sublimé et le faites dissoudre dans une eau forte, composée de parties égales de couperose et de salpêtre médiocrement calcinés, et quand votre Mercure sera bien dissout, mettez la solution dans un pot d'alambic pour en séparer les trois parties sur un petit feu de cendres, après cela, découvrez votre cucurbite et la mettez toute découverte dans une jatte pleine d'eau jusqu'aux bords de la matière, et le tout dans une cave bien froide et bien humide, et vous trouverez votre mercure qui sera la plupart réduit en glaçons au bout de six jours, et le reste demeurera séparé en forme de terre noire, qui n'est autre chose que ses scories et ses fèces inutiles.

II. — *Autre purification du Mercure*

Prenez du Mercure commun et le faites sublimer dix fois, mais il faut renouveler le vitriol et le sel à chaque fois, et d'ailleurs le bien laver après chaque sublimation avec de l'eau bouillante, par laquelle toutes les chutes étranges qui se trouvent avec le Mercure sont dissoutes, comme les esprits du vitriols et du sel, outre que cette eau le purge et de sa vénénosité et de sa noirceur, si bien qu'après ces dix sublimations et ces dix ablutions d'eau bouillante, il devient grandement pur et net, et par conséquent propre à toutes, les belles opérations de la Chimie.

III. — *Sublimation de Mercure*

Prenez d'un fort bon Mercure bien net et bien choisi, mortifiez-le par l'eau forte et le réduisez, en glaçons, mêlez quatre livres de ces glaçons le mieux qu'il sera possible avec deux livres de sel, et quatre livres de vitriol de Hongrie ou de Chypre, ou du Romain, et quand le tout sera si bien mêlé qu'on ne puisse discerner le Mercure, vous le mettrez entre deux bonnes terrines bien justes et bien lutées, dont la supérieure soit percée en haut, et quand elles seront bien adaptées, sur un four de sublimation, donnez leur feu par degrés, et lorsque la matière commencera à ne plus exhaler de flegme, se sera signe que tout le Mercure s'élèvera, ce qui vous connaîtrez sur un couteau de fer, ou sur une lame de cuivre alors bouchez le trou avec du papier, réveillez votre feu de charbon et le faites fort grand l'espace de huit ou neuf heures, et durant trois heures après faites feu de flamme avec du bois, et à la fin du temps vous aurez un très beau sublimé, une farine blanche, qui sera montée au plus haut, et un Mercure coulant qui se sera revivifié, séparez les et calcinez après le Mercure coulant, avec celui qui sera monté comme farine dans de nouvelle eau forte, de laquelle vous arroserez aussi le sublimé, finalement vous prendrez le tout ensemble et le mêlerez avec de nouveau sel, et de nouveau vitriol cru en la même dose que dessus, gardant toujours la proportion du Mercure avec les autres simples, puis vous remettrez vos matières dans les terrines comme auparavant, lesquelles pourront encore vous servir, vous donnerez le feu par les degrés de sublimation, enfin prenez le sublimé, tant celui que vous trouverez dur et ferme, que celui que vous verrez en farine ou poudre blanche, et les rebroyez avec, autant de vitriol, qui soit préparé de telle sorte, qu'après l'avoir déphlegmé et imbibé de son flegme par distillations réitérées, il devienne enfin colcotar philosophique.

Ce sublimé donc et ce colcotar étant bien mêlez, seront mis dans une bouteille de verre, ou pour le mieux, dans un matras fort grand, enseveli dans le sable en un four de sublimation, puis faites le feu si fort que le vaisseau en rougisse sur la fin, et dans sept ou huit heures, votre Mercure s'élèvera fort beau et fort cristallin, après avoir emporté avec soi la meilleure essence ou le meilleur soufre du vitriol, et cela vous le devez réitérer plusieurs fois, ajoutant toujours du bon vitriol préparé et déphlegmé, et continuant jusqu'à ce que votre Mercure n'en veuille plus, ce que vous connaîtrez au poids de votre sublimé, lequel après sa parfaite préparation ne s'augmentera plus comme auparavant, car jusqu'alors le sublimé s'abreuvant des esprits du vitriol et du sel, pèse deux onces davantage, ou une once et demie pour le moins.

Et notez cela, car se sont les vrais poids et les vraies mesures des Philosophes et des Sages, qu'ils n'ont jamais voulu déclarer, et qu'ils ont tenu si secrètes.

IV. — *Autre sublimation du Mercure*

On fait calciner à feu très lent deux livres de bon vitriol Romain, ou de celui de Hongrie pour le mieux, lequel touche aussi bien que le cuivre sur le couteau, après on met ce vitriol dans une jatte de terre vitrée, remuant toujours avec une spatule, de peur que le vitriol en se desséchant, n'adhère aux parois de la terrine, et quand il sera comme en pâte, faites y couler par un linge peu à peu une livre de bon Mercure de Cinabre, et incorporez si bien le tout ensemble que le Mercure n'y paraisse point, puis y mêlez une livre de sel commun préparé, et broyez bien le tout ensemble sur le marbre, et mettant ce mélange entre deux jattes, donnez les mêmes degrés de feu que nous avons dit en la sublimation précédente, et vous ferez un très beau sublimé.

Remêlez derechef ce sublimé avec de nouvelle matière, et le resublimez comme dessus jusqu'à sept fois.

Il n'et pas besoin d'y mêlé du sel aux dernières sublimations, il suffit seulement de mettre du vitriol desséché philosophiquement, c'est-à-dire imbibé de son flegme par diverses distillations, et par ce moyen vous ferez un des plus beaux et des plus parfaits sublimés du monde.

V. — *Excellents précipités de Mercure*

Pour faire un excellent précipité de Mercure, il faut prendre deux parties d'huile de vitriol ou de soufre, et une de Mercure de cinabre ou d'argent, que vous ferez dissoudre l'un dans l'autre par une lente chaleur, et quand vous aurez dissout demi-livre de Mercure dans une livre d'huile, vous ajouterez quatre onces de sel marin ou de sel de colcotar selon quelques-uns, ou de sel de tartre, qui est le seul adoucissement des eaux fortes et tous les esprits âcres du vitriol, et en y ajoutant de l'eau commune de fontaine on précipite le Mercure au fond en forme d'un beau caillé, puis on le lave avec tant d'eaux douces, qu'il en demeure doux au goût, et finalement on use d'une eau cordiale, et puis ensuite d'une eau de vie que l'on brûle par-dessus, de sorte qu'il en reste un excellent précipité.

D'autres après que l'un ou l'autre des sels, dont nous avons parlé, y a été mis, y ajoutent de l'eau de fontaine, qu'ils font distiller jusqu'au sec, renouvelant plusieurs fois ces distillations avec de l'eau commune, et la matière étant sèche au fond de l'alambic ils la font sublimer, et pour ce qu'en cette sublimation le Mercure attire l'esprit âcre du vitriol, de sorte qu'il ne s'en peut aller par aucune distillation ; et par conséquent demeure suspect aux Médecins, et dangereux aux malades, ils le font passer par le blanc d'œuf.

Toutefois la première méthode de ces précipités me semble la meilleure.

Il y en a d'autres qui font repasser souvent l'eau forte par-dessus le Mercure, comme nous dirons ci-après au Turbith minéral du Flamand.

Quant à moi, j'aimerais mieux sublimer le Mercure en le précipitant avec l'huile de soufre, et mettre sur un tel précipité du sel marin préparé, afin que le Mercure s'imprègne du feu de nature, et puis avec la même eau, à savoir le Mercure de Lune, j'en ferais comme de mon vrai Mercure de vie un remède excellent contre les véroles, les écrouelles et tous autres maux déplorables.

VI. — *Autre excellent précipité de Mercure, de la composition et de l'usage du sieur de la Violette*

Faites dissoudre du Mercure dans une eau forte extraordinaire, faite de vrai vitriol de Hongrie, de bon salpêtre et de ces petits grenats de Hongrie, qui sont pleins d'un soufre Solaire, repassez trois ou quatre fois l'eau dessus les fèces, jusqu'à ce qu'elle devienne de couleur d'une haute hyacinthe, et qu'elle soit empreinte du soufre des susdits grenats, car lorsque vous aurez jeté votre Mercure dans cette eau, il attirera le soufre Solaire des grenats, et ainsi vous en ferez un excellent remède, au lieu qu'autrement il serait plus nuisible que profitable.

Le Mercure que l'on voudra précipiter, doit être nécessairement ou de cinabre, ou d'antimoine, que vous ferez dissoudre dedans cette eau forte, jusqu'à ce qu'il soit réduit entièrement en eau ; puis vous le précipiterez dans de l'eau de fontaine, où vous aurez dissout du commun préparé, ou pour le mieux celui que l'on tire du colcotar, et vous verrez soudainement coaguler votre Mercure au fond, versez après l'eau claire par inclination, et lavez le caillé par tant de diverses eaux douces, qu'il n'y reste aucune âcreté. Faites enfin bouillir pour le mieux cette chaux douce avec l'eau de vie de coral, et puis lavez le tout avec de l'eau rose, et quand la matière sera bien sèche, versez y par-dessus de quelque bon esprit de vin, le faisant brûler sur la matière jusqu'au sec.

On peut faire la même chaux blanche, ou le même caillé avec de l'eau forte commune, et le précipiter dans de l'eau de sel, et finalement l'adoucir et le dessécher.

Ce dernier précipité pourrait servir contre les cancers et les ulcères externes, mais je ne voudrais pas en donner par dedans qu'il ne fût auparavant sublimé et resublimé plusieurs fois.

Or la meilleure précipitation du Mercure, se doit faire avec les huiles de sel commun ou de nitre, ou avec les aigreurs de soufre et de vitriol, qui sont les vrais vinaigres de montagne dont les impressions, bien que jointes au Mercure, ne sont pourtant pas si nuisibles, ni si vomitives comme celles du sel armoniac, ou du vinaigre distillé, qui ne s'effacent que malaisément quoiqu'on les lave par plusieurs et diverses ablutions.

Quand donc vous voudrez précipiter le Mercure de cinabre ou d'antimoine avec les huiles métalliques susdites, vous prendrez deux parts de l'une de ces huiles, avec une part de Mercure, et vous mettrez le tout dans un matras à feu lent, jusqu'à ce que tout le Mercure soit dissout et réduit entièrement en eau, après vous verserez dessus premièrement trois ou quatre onces d'un bon sel préparé, et secondement de l'eau de fontaine, pour coaguler votre Mercure en caillé blanc, puis vous l'adoucirez le plus que vous pourrez en le faisant passer plusieurs fois par les eaux cordiales, et finalement par l'eau de vie, et de cette manière vous ferez un excellent Mercure précipité. Il y en a qui le font sublimer sur le sel préparé et sur le sublimé doux, et tirent de là un fort utile purgatif.

VII. — *Précipité de Mercure sans eau forte*

Prenez du vif argent et de l'or, faites en un amalgame à la manière des Orfèvres, après séparez en le Mercure par le cuir le plus qu'il vous sera possible, et mettez la matière qui n'aura pu passer dans un matras, lequel, sigillé ou non, sera mis en un four d'Athanor, ou dans quelque temps après votre matière s'élèvera au haut du verre et se rougira peu à peu, prenez bien garde de ne point augmenter le feu, de peur que le Mercure ne vienne s'exhaler avant que d'être digéré parfaitement.

Et de cette sorte vous aurez un Mercure précipité par le moyen de l'or, duquel les vertus sont merveilleuses et en grand nombre, dont les principales sont celles qui suivent.

Premièrement cette poudre est excellente pour la guérison des goûtes, si vous en faites prendre une fois le mois le poids de demi-drachme, avec deux onces de conserve de buglosse en forme de pilules ; elle est encore admirable contre les maux vénériens, car si vous en donnez 4 ou 6 grains seulement avec quelque conserve, ou du vin durant huit jours, vous guérirez de la vérole entièrement.

Que si lorsque vous, faites l'amalgame, vous y mettiez de l'argent au lieu de l'or, et que vous en donniez avec de la conserve de bétoine ou de mélisse, le poids de 4 grains, vous guérirez assurément de la manie, de toutes sortes de mélancolie, et même de l'épilepsie, pourvu que vous mêliez ce précipité avec de l'eau de pivoine.

VIII. — Mercure précipité rouge par le moyen de l'or

Prenez six parts de Mercure de cinabre ou de quelque autre, une part d'or calciné, mêlez-les et les amalgamez ensemble et n'en mettez seulement qu'une once et demie en chaque matras, sur le feu continuel d'un Athanor, sans être hermétiquement bouché, afin que l'humeur de Mercure se puisse exhaler, et vous ferez dans trois semaines au plus tard, un précipité rouge le plus beau, et le plus utile à la santé qu'on se puisse imaginer.

IX. — *Mercure précipité au rouge par le moyen de la chaux vive*

Par l'aide de la chaux vive nouvelle qui ne soit que d'un jour pilée grossièrement, on fait un précipité de Mercure commun extrêmement rouge et la manière de le bien faire est, de mettre du Mercure commun dans une cornue, par-dessus de cette chaux nouvelle tant qu'elle couvre le Mercure de quatre doigts, donnez le feu par degrés pour le faire sortir dans un récipient à demi plein d'eau, et le Mercure laissera quelque portion de sa substance mêlée dedans cette de la chaux, prenez après celui qui sera passé dans le récipient que vous trouverez beaucoup plus pur et plus net qu'auparavant ; essuyez-le et le remettez dans la cornue, de sorte qu'il aille au fond, ce qu'il fera bien aisément à cause de la pesanteur ; poussez encore le feu par degrés, et réitérez cette opération six ou sept fois, car tant plus vous la réitérerez, tant mieux elle réussira, pour ce que le Mercure se diminue toujours de son poids ; enfin prenez la matière, à savoir la chaux qui sera dans le fond de la cornue, et la faites dissoudre dans une grande jatte d'eau, mouvant avec la main et faisant sortir ce qui sera de plus léger, comme quand on prépare le minium, et par plusieurs et diverses ablutions, votre chaux passera toute d'une terrine en l'autre, si bien qu'il ne vous restera dans le fond de votre jatte, que le Mercure précipité par les esprits du sel de la chaux aussi rouge que le pavot.

X. — Mercure précipité en toutes sortes de couleurs

On peut précipiter le Mercure en toutes les couleurs qu'on veut, si quand après l'avoir dissout dans l'eau forte, on y jette les choses qui peuvent tout ensemble le précipiter et le colorer ; ainsi vous le rendrez blanc comme du lait, si sur l'eau forte qui l'aura dissout, vous y jetez du sel marin ; vous le rendrez fort rouge, si sur la même eau vous y jetez de l'urine ; vous le ferez rouge tanné, si vous y versez de huile ou du sel de tartre, et vous le ferez devenir tout vert, si vous y mettez du sel de Vénus, enfin vous le métamorphoserez par le moyen de divers sels ont la Philosophie enseigne les propriétés en toutes les couleurs que vous désirerez.

XI. — Mercure précipité diaphorétique

Il faut premièrement faire une eau forte qui soit composée de salpêtre, d'alun et de vitriol, de chacun une once demie, et l'avant bien déflegmée dissolvez dans deux lires de cette eau une once d'antimoine, du talc, du cinabre, du soufre, de chacun une once et demie, du sublimé, du verdet, du crocus martis de chacun demi once, et quand le tout aura trempé 24 heures, vous en retirerez toute l'eau à fort grand feu, jusqu'à ce que tous les esprits soient passés, et après que vous l'aurez derechef bien déflegmée, vous y dissoudrez de fort bon Mercure, lequel se précipitera à la quatrième distillation, et si vous poussez le feu à la dernière, vous trouverez au fond de la cornue votre Mercure, réduit en une poudre très rouge et fixe, que vous pourrez adoucir par plusieurs ablutions d'eau douce, et si vous la voulez rendre merveilleuse pour la santé, et même pour les œuvres Chimiques, vous y ferez passer par-dessus de l'eau de vie tartarisée jusqu'à neuf fois, et jusqu'à tant qu'elle en sorte insipide ou douce.

Quelques-uns pour le mieux au lieu du Mercure commun, prennent celui de cinabre qu'ils font revivifier, ou qu'ils amortissent par le moyen du soufre, et qu'ils ressuscitent après par l'eau de vie, et par celle de tartre.

XII. — *Autre Mercure précipité diaphorétique et fixe*

Il faut bien purifier la quantité que vous voudrez de Mercure d'antimoine ou de cinabre, puis vous le précipiterez tout seul par soi même, en le mettant dessus le feu dans un matras de bon verre clos hermétiquement, le faisant ainsi cuire doucement dans un Athanor, l'espace de 20 ou 25 jours, ou le temps qu'il faut pour le précipiter parfaitement, après cela dissolvez le dans du vinaigre qui soit distillé deux fois, faisant repasser du nouveau vinaigre distillé par-dessus le Mercure précipité, jusqu'à ce qu'il soit entièrement dissout.

Et quand vous l'aurez réduit en cet état, vous le mettrez dans une écuelle de verre qui ait le fond plat et bien uni, afin qu'il se ramasse tout congelé au milieu, et qu'il rejette tout à l'entour de soi les excréments et les scories puantes, qui ne sont point homogénées.

CHAPITRE VIII — DU MERCURE

Cependant vous rectifierez d'ailleurs une bonne huile du lion vert, que vous ferez passer par le bec du vaisseau par trois fois avec son esprit, puis à la quatrième, vous passerez l'huile toute seule par la cornue à feu de cendres modérément chaud, et ce qui restera dedans sera le germe ou le sel de l'huile, lequel est très propre à tirer l'esprit de l'or, et ce qui sera sorti dehors sera le flegme, dont nous avons besoin pour adoucir notre Mercure ; ce flegme donc ou cette huile rectifiée, sera mise par-dessus le Mercure que nous avons purifié tant qu'il surnage la matière de trois doigts, et cela se doit faire dans un petit alambic de verre, sur un feu de cendres médiocre et tempéré, où vous tiendrez votre vaisseau l'espace de sept heures, après vous séparerez votre huile par distillation selon les degrés de l'art, et votre Mercure vous restera congelé en blancheur au fond du vaisseau ; remettez encore la même huile sur ce Mercure congelé, faites la repasser et continuez cela jusqu'à ce que l'huile ait perdu toutes ses forces, ce qu'étant arrivé vous conforterez l'estomac de l'Autruche par nouvelle liqueur du Lion vert, le digérant autant de temps que vous avez fait ci-devant, réitérez cela tant que le Mercure rectifié devienne rouge comme sang.

Cela fait, prenez ce Mercure rubéfié et le mettez subtilement en poudre dans un marras de fort bon verre, qui soit bouché hermétiquement, et le tenant dans un Athanor sur un feu convenable, l'espace de sept jours entiers, vous aurez un Mercure fixe, que l'on peut appeler le vrai Mercure diaphorétique, dont on se peut servir pour un remède très excellent à plusieurs grandes maladies.

XIII. — *Turbith minéral*

Prenez du Mercure de cinabre ou d'antimoine, mettez le dans un matras, versez par-dessus de l'huile de vitriol ou de soufre qui surnage deux ou trois doigts, laissez le tout au froid, jusqu'à ce que le Mercure soit réduit en chaux, de cette chaux distillez en la liqueur par la cornue ou par l'alambic, versez encore par-dessus de nouvelle huile de vitriol, puis la distillez, versez derechef de nouvelle huile et redistillez, faites cela quatre ou cinq fois, et vous trouverez une poudre jaune laquelle étant bien desséchée vous laverez très bien avec de l'eau commune, pour en ôter l'acrimonie et vous y mettrez enfin de l'esprit de vin, puis vous le distillerez, et si vous voulez le rendre plus innocent et plus parfait vous y verserez de l'eau rose et la ferez passer comme l'esprit de vin.

Ainsi vous aurez un turbith excellent dont la dose se donne depuis six jusqu'à douze grains au plus.

XIV. — *Autre turbith minéral*

Prenez une once de feuilles d'or roulées, et douze onces de Mercure, dissolvez l'or en eau régale, et le Mercure en eau forte commune. Joignez les deux dissolutions dont le fera une Éclipse. Distillez après à feu de degrés, et le donnez violent sur la fin le plus que vous pourrez.

Cassez votre cornue, pulvérisez la matière précipitée que vous trouverez au fond, remettez-la dans une autre cornue et

CHAPITRE VIII — DU MERCURE

repassez par-dessus trois ou quatre fois toute l'eau que vous aurez distillée, poussez à la dernière fois votre feu, pour faire élever tout ce qui se pourra sublimer, et ne prenez que le fond, que vous mettrez en poudre dedans un creuset sur des charbons ardents, pour chasser le plus qu'il sera possible les esprits de l'eau forte.

Prenez cette poudre, triturez la bien sur le marbre, et puis dans un mortier de verre, broyez-la avec de l'eau commune distillée, et vous verrez surnager une graisse par-dessus votre poudre, que vous verserez et garderez à part, réitérez cette ablution avec de nouvelle eau jusqu'à ce qu'il ne surnage plus rien de gras, et que votre eau en sorte aussi douce que quand vous l'avez mise.

Cette eau que vous aurez réservée est telle, que si vous en touchez les ulcères chancreux et véroliques, elle consumera la chair morte en piquant un peu la vue et les guérira certainement.

Et quant à la poudre qui vous reste, vous aurez le soin de la laver avec les eaux cordiales, et d'y faire passer finalement l'eau thériacale de Paracelse, qu'il compose avec la thériaque, la myrrhe, le safran et l'eau de vie, car votre poudre en tirera l'odeur et en deviendra plus cordiale.

L'usage de cette poudre est de provoquer un doux vomissement nécessaire aux véroles, et pour le moins sept ou huit selles, si vous en donnez six ou sept grains de cette substance avec de la conserve de rose, son action continue quelques fois jusqu'au lendemain, c'est pourquoi il ne faut point donner la seconde prise que le troisième jour, et celle-ci purgera non seulement le lendemain, mais quelques fois trois ou quatre jours, c'est pourquoi vous n'en donnerez point durant le temps de son opération, et différerez la troisième prise, jusqu'à ce que la purgation de la seconde finisse, auquel temps vous pourrez hardiment donner la troisième qui purgera beaucoup de jours, et par ce moyen on guérit la maladie de Naples, quand même elle serait accompagnée de mille ulcères, car la première prise seulement fait cesser toutes les douleurs, et les autres coupent la racine du mal.

XV. — *Autre turbith minéral d'un excellent Médecin Flamand*

Il fait son turbith minéral en précipitant le Mercure dans une bonne huile de vitriol ou de soufre, bien déflegmée, repassant cette huile deux ou trois fois par-dessus le Mercure, et pour lui donner un plus grand adoucissement, il le lave avec diverses eaux, et le rend comme il lui plait, tantôt purgatif et tantôt sudorifique.

Pour le rendre purgatif, il le mêle avec du diagrède, ou bien avec quelque autre cathartique, et du tout il n'en donne que la quantité de quelques gains ; mais pour le rendre sudorifique, il le fixe par l'addition du salpêtre qu'il allume et qu'il lave par diverses ablutions, dont la dose ordinaire est de 18 grains, et l'extraordinaire d'un scrupule que l'on donne à ceux à qui l'on désire provoquer beaucoup de sueurs.

XVI. — *Mercure essencifié*

Prenez du Mercure commun, purgez le bien auparavant en le distillant par la cornue trois ou quatre fois, avec du tartre cru de Montpellier, faites après un précipité par le moyen de l'eau forte, que vous cohoberez trois fois, donnant sur la fin un grand feu pour en pousser tous les esprits, dissolvez-le après dans du vinaigre, que vous y verserez toujours de nouveau jusqu'à ce que toute la matière soi dissoute, et cela vous le ferez sur un feu de cendres, où vous distillerez à la fin le vinaigre jusque au sec, et dessus cette matière sèche, vous verserez de l'eau commune et la distillerez, réitérez cela quatre fois et renouvelez l'eau à chaque fois, puis la distillez jusqu'au sec, et votre matière bien desséchée sera mise l'espace de quatorze jours en digestion avec de l'esprit de vin, au bout desquels vous séparerez par distillation cet esprit mais vous prendrez garde de n'ouvrir point le vaisseau qu'après deux fois vingt-quatre heures, parce qu'en cette espace là, la matière achèvera de se dissoudre ; les cristaux se formeront au col de la retorte, et vous trouverez au fond de votre cornue une huile de couleur de cendres dans laquelle vous pouvez dissoudre de la chaux de Soleil faite selon l'art, à savoir une partie de chaux d'or dans trois parties d'huile, après elle se congèle en poudre rouge dans un Athanor l'espace de 20 jours, on donne de cette poudre la dose d'un grain et demi dans du vin, laquelle purge par le bas et par les sueurs, et guérit par ce moyen de la vérole, de l'hydropisie, et de plusieurs autres maladies.

XVII. — *Mercure de vie*

Prenez quatre livres d'antimoine, de l'étain et du plomb, de chacun demi livre, faites fondre l'étain et le plomb dans un creuset, puis jetez y l'antimoine, et quand le tout sera bien chaud, mettez y une livre de tartre, une livre de salpêtre, pulvérisés, et vous ferez un régule, lequel étant refroidi vous jetterez en fonte et en lingot, mettez en poudre cette matière dans une cornue à feu de sable, avec deux parties de sublimé, adaptez un grand récipient et poussez après le feu, tant que rien n'en puisse plus sortir.

Notez qu'au fond du récipient il se trouvera un peu d'antimoine revivifié que vous séparerez pour recueillir le Mercure de vie, il ne faut que verser de l'eau dans le récipient, laquelle se blanchira incontinent, versez le tout dans une grande terrine, jusqu'à ce que vos fleurs soient allées à fond et que l'eau soit devenue claire, puis versez cette eau, pour en y remettre d'autre jusqu'à ce qu'elle soit insipide, et votre Mercure de vie alors sera fait.

On le prépare pour les malades encore mieux, le faisant cuire l'espace de quatre jours au sable très chaud dans un matras clos hermétiquement, puis on brûle par-dessus sept ou huit fois de l'eau de vie très bien rectifiée, et la dose est depuis deux jusqu'à quatre grains dans une conserve, tant contre les écrouelles, que contre la vérole, ulcères a vers et autres maladies.

XVIII. — *Autre Mercure de vie*

Faites une huile de Mercure à la façon de la gomme du Mercure de vie, purifiez-la par plusieurs distillations, d'ailleurs prenez une drachme d'or en feuilles, et demi once de bonne pierre ponce, mettez le tout dans un creuset luté à feu de réverbère 15 heures, après pulvérisez votre matière et la mettez dans un matras, où vous verserez par-dessus sept onces de votre huile de Mercure peu à peu, puis donnez feu dessus et dessous, et il distillera une huile claire et rouge comme sang que vous précipiterez en eau et sera blanche jaune.

Ce précipité bien adouci avec plusieurs ablutions d'eau, sera mis dans un vaisseau de verre clos hermétiquement, revêtu d'un très bon lut enseveli dans le sable, et donnez feu d'Athanor jusqu'à ce que la poudre soit coloré en rouge, donnez en deux grains jusqu'à six avec conserve de rose, et vous ferez merveilles pour la guérison de diverses maladies, elle est un peu vomitive, mais si vous y ajoutez ou mettez quelque purgatif, comme de l'essence de séné, vous ferez un remède restauratif de la nature.

XIX. — *Huile de Mercure douce*

Il faut faire la fixation du sel armoniac avec la chaux vive, comme il sera montré ailleurs en notre Panacée, et en tirer le sel par dissolution d'eau et coagulation, et ce sel le faire dissoudre à l'humide, ce qui advient en peu de temps.

À ce sel résout, ajoutez tant de Mercure sublimé qu'il en pourra dissoudre en pâte, et mettez le tout dans un verre propre, en la cave, et le Mercure sublimé se dissoudra facilement en eau, par le moyen de la liqueur du sel armoniac, s'il n'était bien dissout, ajoutez y derechef de la liqueur de votre sel, pour faire une vraie dissolution.

Cette mixtion donc étant bien dissoute, vous la ferez purifier au B. M. deux jours, et étant purifiée, par le même bain plus chaud, vous en séparerez un flegme, et il vous restera au froid une matière qui se congèlera en forme de glaçons, cette matière soit derechef résoute à l'humide, digérée et séparée de son flegme comme auparavant, et puis coagulez et dissolvez tant que la matière ne se coagule plus, mais qu'elle demeure toujours liquide par ces réitérées coagulations et résolutions, car c'est par ce moyen qu'elle s'adoucit d'elle-même.

Mais pour accroître sa vertu, vous ferez cohober avec elle un bon esprit de vin que vous séparerez par le bain, et il vous restera une huile de Mercure douce, dont les propriétés sont admirables pour la cure des véroles et des écrouelles, il s'en donne seulement deux ou trois gouttes avec quelque liqueur. Elle émeut puissamment les sueurs, et fait faire quatre ou cinq selles, purgeant le seul venin et purifiant toute la masse du sang, et guérit toutes les véroles les plus invétérées de douze ou quinze prises seulement.

XX. — *Autre excellente huile de Mercure douce*

Prenez de la gomme du Mercure de vie empreinte le plus qu'il sera possible du feu de nature, distillez-la, et la purifiez une seule fois ; avec cette liqueur claire, pesante et mercurielle, et qui au froid se coagule en glaçons mêlez d'un excellent esprit de sel au préalable circulé avec un bon esprit de vin tout seul, que vous séparerez après de votre matière mercurielle glacée, jusqu'à ce qu'elle soit entièrement dissoute et qu'elle ne se glace plus.

Et quand vous l'aurez mise à ce point, vous prendrez cette mixtion et la mettrez en putréfaction au B. M. ou dans le ventre du cheval l'espace de 42 jours qui font un mois philosophique, durant lequel temps vous verrez faire merveilles sur les couleurs ; ainsi votre matière d'âcre qu'elle était deviendra douce par la conjonction de l'esprit du sel, et par la digestion de la chaleur, et se rendra d'elle même une grande et souveraine médecine, qui n'étant point vomitive, sera très singulière pour la santé, la dose est ordinairement de deux ou trois gouttes en quelque liqueur propre, ou mêlée avec quelque sirop ou violat ou autre, qui s'en rendra très plaisant.

XXI. — *Eau mercurielle*

Prenez une livre de bon Mercure sublimé, douze onces d'antimoine cru, broyez, mêlez et mettez le tout ensemble dans une retorte sur les cendres à feu de degrés, et vous distillerez une matière comme du lait, distillez ce lait part et vous tirerez une eau claire; mettez cette eau dans un alambic et tirez en par le bain le flegme, et il vous restera au fond une eau mercurielle minérale, qui dissout tous les corps, et fait passer le sol par l'alambic.

Au lieu d'antimoine cru servez vous du régule et vous ferez mieux.

XXII. —*Autre eau mercurielle*

Prenez une livre de bon sublimé, une livre de sel armoniac sublimé, mêlés le tout ensemble, faites sublimer quatre ou cinq fois, remettez toujours le sublimé sur les fèces, et broyez l'un et l'autre ensemble, souvenez vous de faire la sublimation dans une grande cornue, laquelle sera jointe à une assez grande bouteille, pour recevoir le sel armoniac et tout ce qui passera; mettez à l'humide cette matière pour la faire dissoudre, étant dissoute faites la distiller comme eau forte, prenez après les fèces, pilez les et les resublimez avec le quart de sel armoniac, remettez à l'humide et dissolvez, puis distillez et joignez les eaux que vous aurez en grande quantité, et qui sont vraiment eaux mercurielles.

XXIII. — *Autre eau mercurielle, ou Lait virginal du Mercure sublimé*

Prenez un bon Mercure sublimé avec du vitriol à notre façon, dissolvez le dans de l'eau forte qui soit faite de vitriol et de salpêtre, distillez jusqu'au sec et donnez après bon feu de sublimation, prenez ce qui sera sublimé, dissolvez le encore dans de nouvelle eau forte, distillez et resublimez derechef, continuez cela tant qu'il ne fasse plus de fèces au fond, que vous séparerez toujours, et par ces réitérées solutions et distillations, vous préparerez un sublimé qui sera fort beau, transparent et cristallin, dont les fèces seront aussi belles que le sublimé, et par ce moyen vous aurez une quintessence de Mercure, que plusieurs font d'une autre façon, faisant sublimer le Mercure par sept fois avec du sel sans user d'eau forte ; mais je trouve que le Mercure y emporte toujours les esprits du vitriol, et qu'il s'en imprègne abondamment, et c'est à quoi il faut prendre garde, comme à la chose qu'on recherche le plus.

Lorsque vous aurez rendu ce sublimé dans une telle quintessence, vous le mettrez en un matras sigillé hermétiquement au feu d'Athanor, ou tel qu'il n'excède la chaleur du Soleil, pour le calciner l'espace de 20 jours.

Mettez après ce sublimé calciné de la sorte en poudre dans un alambic sur le bain vaporeux, de façon que l'eau ne touche point l'alambic, et votre, Mercure sublimé se dissoudra et distillera en une eau mercurielle ou lait virginal, avec lequel passera l'esprit du vitriol, qui est un merveilleux dissolvant.

Traité de la médecine minérale de l'antimoine

CHAPITRE I
DE L'ANTIMOINE

I. — Élixir d'Antimoine

L'Antimoine est hermaphrodite, mâle et femelle d'une et d'autre nature, soufre, mercure fixe et volatil, le premier né de la nature métallique, moyenne substance entre le mercure et le métal, le seul dissolvant et le seul feu de nature, qui se mêle à toutes choses, et auquel toutes choses peuvent être mêlées, le Dragon et le Lion dévorant, le dissolvant et le coagulant.

De cette matière se doit exprimer le jus et le sang, car c'est le Lion rouge dont entend parler Paracelse, qui n'est autre chose que cette première matière dont on tire une pure substance, en séparant toutes ses immondices, tant par les opérations qui suivent les traces de nature, que par les ablutions diverses, comme nous montrerons en la grande Triade de Paracelse.

Pour pratiquer donc cette œuvre, il vous faut premièrement en séparer le régule, y mettre le moins que vous pourrez de salpêtre, fondez ce régule, pulvérisez-le et le lavez avec des eaux, tant de fois, qu'il n'ait aucune noirceur, si bien que quand vous le repilerez il reste pondéreux, fort blanc et fort net comme de l'argent, car en cet état il peut être amalgamé avec les corps parfaits.

Prenez de ce régule une partie, de l'or passé par l'antimoine à la commune façon deux parties, du Mercure sublimé, fait comme il est montré au Chapitre du Mercure, et qui soit si bien préparé, et si bien purifié de ses sels et de tous ses esprits arsenicaux, que vous en puissiez donner par la bouche sans aucune incommodité quatre parties il faut mêler l'or avec le régule fondu, pour ce que par ce moyen il le calcinera d'une calcination philosophique, et y mêlez aussi le Mercure sublimé, de ces trois matières bien purifiées et nettoyées faites un même corps, une triade ou concordance chimique, et de ces trois par la sublimation, vous ferez une seule et même substance, car comme dit Arnauld de Villeneuve.

Quidam in fine operationis post incerationem at dealbationem spirituum addunt corpus perfectum. Tu autem propter causas prædictas, pone in principio corpus mundum, quod est corpus, et fermentum : non enim Spiritus et corpora se amplex antur adinuicem, ni suerint ab omni sorde optime mundata, sed cùm sic suerint, si es his corporeum spirituale, et spirituale corporeum : Ce qui se fait par des réitérées sublimations, où consiste tout le secret des Anciens, mais les modernes, comme Paracelse, y ajoutent la concordance astronomique du vin, ainsi se fait un grand Élixir et médecine universelle pour la santé des corps humains.

II. — Essence d'Antimoine

Il le faut calciner tout seul dans une terrine dessus le feu, en le mouvant toujours avec une spatule de fer, et prenant garde qu'il ne fonde, jusqu'à ce qu'il devienne gris blanc, que s'il se mettait en grumeaux, ce qu'il faut empêcher le plus qu'on pourra, il le faut remettre en poudre et le calciner derechef, car par ce moyen la partie arsenicale et vénéneuse de l'antimoine s'évanouit.

Prenez cette chaux d'antimoine, mettez-la en poudre subtilement, et avec un vinaigre très fort tirez en le sel, et quand votre menstrue fera de couleur de hyacinthe, versez-le par inclination et remettez y en d'autre, tant qu'il ne se teigne plus.

Toutes ces teintures doivent être mises dans un alambic au feu de cendres, pour être exhalées jusqu'à siccité ; et sur la matière ou le sel qui vous restera après l'extraction du vinaigre, lavez-le avec force eau distillée pour adoucir votre matière le plus que vous pourrez, laquelle mise entre les blancs d'œufs endurcis se résoudra à l'heure même en une huile propre la guérison de tous les ulcères phagédéniques et chancreux.

Mais il faut passer plus outre, et prendre cette matière adoucie par les ablutions, pour y verser par-dessus un excellent esprit de vin, lequel dans la digestion et la circulation que vous en ferez, se rougira comme un rubis, remettez sur la matière tant d'esprit du vin, qu'il n'en attire plus de teinture, après la parfaite circulation, faites distiller et séparer l'esprit de vin, et il vous restera une poudre rouge et merveilleuse en se effets, de laquelle vous donnerez sept ou huit grains, pour purifier la masse du sang, renouveler et restaurer la personne, guérir les lèpres, véroles, écrouelles, et bref les maladies corporelles et spirituelles, épilepsies, hydropisies, etc.

Pour passer encore plus avant avec le même remède, il faut avoir quantité de cette poudre rouge, et la circuler derechef dans un pélican avec un très bon esprit de vin, puis pousser le tout à grand feu, et il sortira une huile très rouge, douée de plus grandes vertus que la poudre, laquelle vous verrez séparée de ses impuretés et l'huile être rendue très spirituelle, très formelle et très active.

III. — *Autre essence d'Antimoine*

Pulvérisez subtilement une livre d'Antimoine et l'incorporez avec huit onces de salpêtre, après calcinez le dans un creuset sur des cendres chaudes, sans que le feu s'y mette, puis rebroyez le avec quatre onces de salpêtre, calcinez le de nouveau sur les cendres, procédant ainsi jusqu'à trois fois. Puis étant subtilement pulvérisé, broyez le dans une jatte vitrée avec de l'eau bien chaude que vous retirerez par filtre, pour continuer ainsi jusqu'à ce qu'elle n'en sorte plus salée, et vous trouverez votre antimoine blanc, lequel desséché au Soleil, sera mis dans un matras à long col sur cendres lentes, avec bonne eau de vie, durant quatre heures, laquelle vous viderez après par inclination, pour y en remettre de nouvelle, et continuerez cette digestion et infusion d'eau de vie jusqu'à cinq fois, sur le menstrue aura bien attiré toute l'essence de l'antimoine. Faites évaporer toutes vos eaux de vie par distillation au B. M. et il vous restera au fond une poudre, sel ou essence d'antimoine, duquel vous en donnerez seulement un grain avec conserve de roses, et vous ferez merveilles.

D'autres prennent toute cette poudre, la réverbèrent et fixent durant 24 heures pour la médecine, mais l'essence est beaucoup meilleure, pour ce qu'elle purge sans vomissement. Le secret est en la calcination sur des cendres, sans que le feu s'y mette.

IV. — *Précipité d'Antimoine*

Prenez de l'huile de sel, faite avec le bol Arménie, et digérez avec cette liqueur de l'antimoine cru ou en régule durant quelques jours, puis distillez à grand feu, et vous tirerez une huile rouge qui sortira en assez bonne quantité, si vous mettez cette huile dans de l'eau de fontaine, elle se précipitera en une poudre blanche comme la poudre du Mercure de vie, de laquelle si vous en donnez six, sept ou huit grains, elle purgera sans vomissement.

V. — *Sudorifique d'Antimoine*

Prenez de l'antimoine une livre, du salpêtre deux litres, mêlez très bien le tout, et le jetez peu à peu dans un creuset bien rougi, prenez derechef la matière au fond du creuset, pesez et ajouté autant de salpêtre, et remettez comme auparavant dans le creuset rougi, faisant cela par trois fois ; lavez très bien votre matière avec plusieurs eaux, et il restera une poudre blanche que vous adoucirez, et que vous mêlerez avec autant de salpêtre, et que vous rejetterez dans le creuset rougi comme devant, relavez enfin très bien votre matière et la dulcifiez, de laquelle vous prendrez un scrupule, que vous ferez infuser une nuit dans l'eau de chardon bénit, et vous aurez un excellent sudorifique, cette poudre sert à faire plusieurs infusions, qui pourront encore émouvoir puissamment les sueurs.

VI. — *Crocus ou soufre d'Antimoine*

Prenez de l'Antimoine et du salpêtre parties égales, mêlez les bien, et puis jetez peu à peu cette poudre dans un creuset qui soit rouge médiocrement, et en faites le foie d'antimoine, qu'il faut pulvériser et faire bouillir dans de l'eau tant qu'il fasse une lessive rouge, laquelle vous coulerez par le papier gris ou la filtrerez autrement, et puis vous y jetterez un peu de vinaigre ou simple ou distillé, et soudain la teinture ou le soufre rouge se séparera et le précipitera au fond.

    Ce soufre ainsi séparé et desséché, peut servir d'un grand remède pour purifier la masse du sang, et même d'un excellent purgatif. Monsieur Wolfius Médecin ordinaire du Très Illustre Prince Maurice Landgrave de Hessen en a fait une belle expérience en une jeune fille, qui avait des galles aux jambes et ailleurs si vilaines et fâcheuses qu'il doutait que ce fût quelque espèce de lèpre ; les galles par frictions avec le soufre et le Mercure s'en allaient, mais elles revenaient après, il lui fit prendre de ce crocus d'Antimoine l'espace d'un mois, mêlé avec un extrait diurétique seulement en dose de six ou sept grains pour drachme du diurétique qu'elle prenait le matin et faisait deux ou trois selles, sans nulle perturbation ni vomissement étant mêlé de la sorte.

Et ayant usé de ce remède un mois durant, elle fût pleinement guérie. Cette expérience lui fait louer tous les remèdes qui procèdent de l'Antimoine, plus que ceux du Mercure.

VII. — *Teinture mixte d'Antimoine*

Prenez du verre d'Antimoine, pulvérisez le, et en mêlez deux onces avec une once de sucre candi, puis ajoutez y d'un excellent esprit de vin, mettez-y le feu, et tournez avec une cuillère jusqu'à une entière extinction, séparez par inclination le plus clair, et y remettez du même esprit de vin, rallumer et le laissez éteindre, faite cela plusieurs foi, en séparant toujours le clair ; si vous donnez une cuillerée de la liqueur qui en sort, laquelle est une huile du sucre empreinte de la teinture d'Antimoine, vous ferez faire deux selles sans vomissement, et deux cuillerées en feront faire quatre.

Pour le faire d'une autre façon, on tire auparavant la teinture de l'Antimoine avec le seul esprit de vin, puis on le coule, et l'on ajoute à cet esprit de vin, tant de sucre qu'il en faut, et l'on met le feu pour en faire l'huile, qui sera mieux empreinte de cette façon.

VIII. — *Fleurs d'Antimoine*

Faites les fleurs d'Antimoine de même que vous faites celles de l'étain et du plomb, de ces fleurs on fait un excellent purgatif en la quantité de six, sept ou huit grains, infusés dans du vin ou en substance, sans aucun vomissement. Mais sur ces fleurs, il faut faire distiller de l'esprit de vitriol acide conjoint avec son flegme par plusieurs fois, et dessécher après le tout.

IX. — *Régule d'Antimoine*

Hermès pour faire un régule met quatre onces de clous de maréchal en un creuset, étant bien rouges, il y jette huit onces d'Antimoine et un peu de salpêtre, et fait fondre le tout sans tartre, puis il laisse refroidir, et il trouve le noyau du régule, il le fond encore, y jetant environ une once de salpêtre pour la seconde fois, et le laisse encore refroidir, puis il le refond seul par deux fois, et il tire quatre ou cinq onces de régule, qui a l'impression du Mars lequel est excellent.

Voyez les propriétés de ce régule au Chapitre du Fer.

Mais pour en faire un plus excellent remède, prenez quatre onces de régule préparé comme dessus et le fondez, à ce régule ajoutez une once de Soleil et le tout se calcinera, pulvérisez-le et le mettez dans un matras, versant dessus d'un excellent esprit de sel, tant qu'il surnage trois ou quatre doigts, et en peu d'heures, il se teindra en rouge, par la dissolution qu'il fera de l'or. Cette dissolution exhalée, il vous restera une poudre qui sans vomir et donnée de soi en substance ou en infusion, fait de merveilleux effets pour l'évacuation et purgation des corps.

On la donne avec de la conserve, mais sans être séparée de son menstrue, et donnée en petite quantité de quatre ou cinq gouttes, c'est un remède pour plusieurs maladies déplorées, les mêlant avec quelque liqueur.

X. — *Cristaux d'Antimoine*

Prenez trois onces de régule d'Antimoine, et 4 de bon salpêtre de trois eaux, calcinez-les ensemble selon l'art, donnez grand feu sur la fin, tant que votre matière devienne blanche, pulvérisez les après, et les faites réverbérer huit ou dix jours dans un matras clos hermétiquement. Pulvérisez votre matière sur le marbre, la mettez dans un matras, versant par-dessus de l'esprit de guanac rectifié, qui surnage la matière de quatre doigts.

Mettez en digestion sur un feu de cendres, faites que la matière bouillonne par trois ou quatre jours, et retirez après votre esprit de guanac empreint d'une partie du sel d'Antimoine ; évaporez au bain les deux tiers de votre esprit, mettez le reste à l'humide, et il se convertira en cristaux, que vous séparerez avec une cuillère de bois percée évaporez encore le tiers de votre esprit, mettez à l'humide, et il le convertira en lapils, que vous recueillerez comme devant.

Ayant quantité de ces lapils, vous les dessécherez doucement sur les cendres jusqu'à la parfaite siccité ; c'est un excellent purgatif, du poids de huit ou dix grains, sans qu'il provoque aucune nausée ni vomissement.

XI. — *Sel d'Antimoine*

Mettez l'Antimoine en poudre la plus déliée qu'il sera possible, faites le dissoudre dans son eau propre, qui n'est autre que la régale. Cette dissolution soit mise dans une écuelle plombée sur des cendres chaudes, où vous la ferez évaporer tant que votre poudre soi bien sèche, faites la bouillir dans l'eau de pluie par deux heures, puis étant reposée vous la viderez par inclination, en y mettant de nouvelle eau, jusqu'à ce qu'elle en sorte douce et claire.

Votre poudre étant sèche, mettez la dans un vaisseau de verre net, pour la calciner à petit feu, jusqu'à ce qu'elle acquière une couleur de cerise, l'entretenant un mois en un tel feu ; puis la réduisez sur le marbre en poudre impalpable, la mettant dans un matras avec du vinaigre qui surnage deux doigts, la faisant bouillir au B. M. l'espace d'un jour, ajoutant toujours de nouveau vinaigre à mesure qu'il diminuera.

Et puis mettez ce vinaigre dans une cornue de verre, continuant les ébullitions et les séparations du vinaigre trois jours durant, lesquelles vous mettrez toujours dans la cornue, et les en ferez exhaler ou distiller, jusqu'à ce qu'il reste au fond une poudre blanche ; sur laquelle sous remettrez de nouveau vinaigre, et quand il aura bouilli l'espace de deux heures, vous le laisserez reposer un jour, et tant que le vinaigre devienne tout clair, lequel vous viderez dans une cornue, remettant sur les fèces de nouveau vinaigre, y procédant comme de dessus jusqu'à tant qu'elle soit bien dissoute.

Distillez tous vos vinaigres au bain, et vous trouverez au fond votre sel blanc, que vous ferez bouillir dans de l'eau de pluie par deux heures, puis ayant laissé reposer l'eau tout un jour, elle s'éclaircira, videz la dans une cornue sans troubler aucunement les fèces, et sans que rien en découle avec l'eau, après retirez l'eau par le bain, et vous trouverez au fond votre sel parfait, lequel est appelé sel philosophique, et peut servir d'une noble médecine pour toutes les maladies du corps humain, tant pour celles qui sont au-dedans, que pour celles qui sont au dehors.

XII. — *Huile d'antimoine*

Prenez le sel comme il est préparé ci-dessus, mettez le dans un matras de verre à long col sigillé hermétiquement, et très bien luté de peur qu'il ne se rompe, et que la vertu ne s'exhale, mettez le après pour le calciner au feu d'Athanor, et lui donnez au commencement un feu de telle chaleur que celle du Soleil de Mars, laissez le ainsi huit jours, puis augmentez le feu, de sorte que votre main le puisse souffrir durant autres huit jours, et lorsque vous verrez votre matière jaunir, augmentez le feu d'un degré, où vous la laisserez encore huit jours, et elle deviendra tannée comme une châtaigne, tenez-la dans cette chaleur ou dans une un peu plus grande, jusqu'à ce qu'elle devienne de couleur d'écarlate, et la laissez en cet état huit jours, et vous verrez que sa couleur sera moitié noire et moitié rouge, alors vous lus donnerez le feu grand, et ne craignez point de lui en donner trop, pour ce que votre sel est fixe, et que le feu ne lui saurait nuire, laisser le après refroidir, et pour en faire une huile, pulvérisez le subtilement et le passez par le tamis des poudres cordiales; cette poudre étant faite, mettez la dans un matras avec du vinaigre par-dessus, faites la dissoudre au B. M. durant 4 jours, puis laissez reposer un jour votre matière, et videz après le plus clair du vinaigre, remettez y en de nouveau jusqu'à la quatrième fois, remuant quatre fois le jour votre matière, et ce qui demeurera au fond est inutile à la médecine, mais prenez vos trois dissolutions, passez en le vinaigre par la cornue et vous trouverez au bas une poudre que vous mettrez dans un alambic de verre avec son récipient; qui soit dans l'eau froide bien luté avec sa chape, de peur que l'esprit n'en sorte, faites petit feu durant quatre heures, augmentez le un peu durant autres quatre heures, et l'entretenez ainsi jusqu'à ce que vous voyez monter l'esprit rouge comme du sang.

Continuez ce même feu par 5 heures, jusqu'à ce qu'il commence à changer de couleur. Alors faites le feu si grand que vous pourrez, et laissez le ainsi l'espace d'une heure, et quand vous verrez que votre alambic commencera d'être plein de neige, faites un bon feu jusqu'à ce que l'alambic devienne clair comme il était auparavant ; quand le tout sera refroidi, l'huile d'Antimoine sera parfaite, laquelle est incomparable pour la guérison des corps humains, et surtout pour celle de la lèpre, de la peste, et de toutes les autres maladies déplorables.

XIII. — *Autre huile d'Antimoine*

Mettez en poudre fort subtile une livre d'Antimoine, tel qu'il est au sortir de la mine, mettez le dans un grand creuset verni par dedans, et l'abreuvez d'une bonne huile de tartre, jusqu'à ce qu'ils soient bien incorporés, faites après dessécher à feu lent votre mixtion deux ou trois heures, abreuvez la derechef et la desséchez, jusqu'à ce qu'elle en ait bu son poids, et que vous ayez deux livres de matière, alors pulvérisez subtilement votre Antimoine imbu de tartre, et le mettez dans un grand matras de verre avec de la bonne eau de vie, qui surnage quatre doigts, puis fermez votre matras avec un autre, et le lutez bien avec du lut de sapience, de sorte que rien ne respire, mettez le au fumier quatre jours, et vous trouverez votre eau le couleur citrine, que vous verserez par inclination, et aussitôt vous y en remettiez d'autre, et procéderez ainsi jusqu'à ce qu'elle ne se colore plus.

Cela fait, distillez par le bain toutes vos colatures que vous aurez gardées, remettez l'eau qui distillera sur vos fèces jusqu'à sept fois, et à la dernière l'huile vous restera très rouge, épaisse, et fort douce, qui guérit tous les cancers, et les noli me tangere ; et qui circulée avec un bon esprit de vin, est un remède admirable contre toutes les maladies internes du corps humain.

XIV. — *Mercure d'Antimoine*

On tire le régule d'Antimoine, puis on le converti en Mercure, avec les sels ressuscitatifs par les digestions et sublimations ordinaires ; et pour cet effet, on réduit le régule ou le cinabre d'antimoine en poudre bien menue, puis on le remêle avec autant de vitriol de Hongrie, et un peu de sel pour le faire sublimer selon l'art, et vous aurez un bel aigle volant en forme de Mercure sublimé, que vous pourrez revivifier en Mercure coulant, comme on ressuscite le sublimé commun, d'ailleurs le cinabre d'antimoine se peut encore aisément convertir en Mercure coulant, sans qu'il soit besoin de le sublimer, en le mêlant avec autant de tartre à demi calciné, ou avec de la chaux vive, ou de la croûte de pain à demi brûlée, et un peu de sel armoniac, et quant au reste, suivez les règle de l'art, distillant par la cornue au feu, et en la manière que vous aurez composé le cinabre antimonial, ainsi vous tirerez un double Mercure, qui coulera vif dans le récipient plein d'eau froide, et vous aurez un aigle très excellent, qu'on peut vraiment appeler Mercure philosophal.

CHAPITRE II

DU VITRIOL

I. — Magistère de Vitriol

Prenez du Vitriol, distillez en par la cornue à grand feu le flegme, l'esprit et l'huile, et séparez après par distillation l'huile du flegme et de l'esprit, ce que sous ferez selon l'art.

Quand vous ajouterez sur trois ou quatre livres de vitriol, demi livre de coral en poudre ou davantage, et cinq ou six onces de semence de perles, se sera pour le mieux. Du colcotar réduit en poudre qui contiendra la chaux du coral et des perles vous en tirerez tout le sel avec des eaux communes distillées selon l'art. Ce sel soit de nouveau dissout et coagulé par diverses fois avec le flegme de vitriol, tant qu'il devienne blanc et transparent comme neige.

Sur ce sel mettez l'esprit et l'huile dans un matras clos hermétiquement, en digestion et circulation du B. M. chaud par plusieurs jours, puis distillez par le même bain, ou par les cendres, toute la liqueur qui laissera avec son propre sel tous ses esprits, et il en sortira comme insipide, que vous garderez pourtant pour en donner une cuillerée aux fébricitants, et pour vous en servir contre les rougeurs du visage, et contre beaucoup d'autres maux.

Du magistère qui vous demeurera au fond sec et en forme de sel, vous le réduirez en poudre, que vous réserverez comme un remède très précieux, pour toutes les opilations, cachexies, hydropisies, mélancolies hypocondriaques, et infinis autres maux, étant donné tout seul avec des liqueurs propres.

Mais pour en faire un plus grand Magistère, distillez des cristaux de tartre de notre façon, et l'huile fétide en étant séparée, et la liqueur purifiée par redistillation avec le colcotar et le coral, vous tirerez de ses fèces calcinées tout le sel selon l'art, que vous joindrez à sa liqueur, et cette liqueur digérée et distillée au bain, et puis distillée, laissera un magistère en forme de sel, qui déjà fait merveilles pour les obstructions et cachexies ; mais étant mêlé lorsqu'il est en liqueur, avec celle du vitriol imprégnée de son sel propre et le tout ensemble digéré et circulé, il s'en fait le magistère des magistères.

II. — Séparation et conjonction des éléments du vitriol pour une médecine universelle

Prenez du vitriol de Hongrie autant qu'il vous plaira, faites le dissoudre dans de l'eau commune en lieu chaud, filtrez par le papier, et coaguler ce que vous aurez filtré, réitérez cela trois fois, après calcinez le vitriol coagulé entre la couleur jaune et la rouge, puis dissolvez le dans du vinaigre, filtrez-le et le coagulez comme vous avez fait avec l'eau par trois fois, ou tant qu'il ne vous laisse plus de fèces.

Puis le coagulez dans le bain, et le calcinez derechef jusqu'à couleur d'or, et dans une retorte de verre distillez l'esprit à feu de sable, pulvérisez la tête morte, reversez dessus son propre esprit, et distillant à feu nu, il vous viendra de l'eau et de l'huile, réitérez cela par la cohobation de son esprit par trois fois, pulvérisez toujours la matière, et y remettez l'esprit par-dessus.

Tirez après le sel des fèces avec du vinaigre, et le filtrez, coagulez le sel filtré, et le dissolvez derechef, filtrez et coagulez par trois fois, et les éléments étant ainsi séparés, vous les conjoindrez de cette sorte. Prenez trois parties de l'esprit deux de l'huile et une de sel, mettez le tout dans un mortier de verre à digérer dans l'Athanor durant 30 jours, et il se fera une pierre dont un seul grain suffira aux spasmes, aux paralysies, aux palpitations de cœur, aux affections de matrice comme aussi à l'épilepsie et à toutes les maladies désespérées du corps humain.

III. — Extraction du vitriol de tous les métaux

On peut tirer le vitriol de tous les corps métalliques calcinés par le soufre avec de l'eau de pluie ou de neige distillée ; car ces corps par le moyen de la calcination s'imprègnent de l'esprit vitriolique du soufre, qui est seul moyen pour l'extraction dit vitriol.

D'autres font distiller d'un bon vitriol le flegme, l'esprit l'huile, puis de ces trois conjoints ensemble, ils en prennent trois onces qu'ils mettent avec trois livres d'eau distillée et là-dedans ils mettent le métal calciné, duquel ils veulent extraire le vitriol, jusqu'à ce que cette liqueur l'ait attiré, après qu'ils n'en peuvent plus attirer, ils en séparent les deux tiers par distillation, et au froid le vitriol se trouve coagulé, qu'ils séparent enfin par diverses fois, mais pour le mieux il faudrait consumer plus d'eau jusqu'à ce qu'elle s'épaississe sur la fin, ce qui arrive diversement selon la bonté du vitriol.

D'une lire de cuivre on tire plus d'une livre et demie de vitriol, d'autant que l'eau qu'on y met le coagule et en augmente le poids. De ces vitriols métalliques on tire des huiles très précieuses pour la santé.

D'autres réduisent tous les métaux en vitriol, après les avoir calcinés chacun à leur façon, et puis les imbibent de l'esprit ou de l'huile de vitriol, lequel a cette propriété par les seules imbibitions et digestions, de réduire les corps calcinés en sa nature, dont on peut faire de belles et grandes opérations pour la santé.

IV. — *Extraction du soufre de vitriol*

Prenez du vitriol, du plus vert et du plus beau de Hongrie, que vous concasserez ; et que vous exposerez au Soleil d'Été dans des jattes, le remuant deux ou trois fois le jour ; puis quand il sera blanchi par les rayons du

Soleil, vous le dissoudrez dans de l'eau, et vous en séparerez une ocre ou plutôt un soufre, qui restera au fond, et le reste vous le coagulerez en vitriol, et le remettrez encore au Soleil pour le blanchir, que vous laverez avec diverses eaux, et votre soufre se séparera, continuant cette même procédure, tant que presque tout votre vitriol se convertisse en soufre, et qu'il aille à fond. Ce soufre peut servir à faire des anodins.

V. — *Crocus Martis du vitriol*

Il faut seulement rubéfier le vitriol en toutes les parties, et par-dessus verser de l'eau claire de fontaine, puis remuer mêler avec un bâton cette matière dans une terrine, où vous la laisserez résider trois ou quatre heures, tant que l'eau soit claire qu'il faut jeter, réitérant jusqu'à ce que l'eau soit douce, et au fond il vous restera une poudre pourprine, qui est le Crocus Martis, qu'aucuns veulent appeler ocre, mais il est pourtant le vrai Crocus Martis des Philosophes.

VI. — *Excellente huile de vitriol*

Prenez du vitriol et le distillez à la commune façon pour en tirer le flegme, l'esprit et l'huile, et du colcotar tirez en par le moyen de l'eau chaude tout le sel blanc tout ce sel (purifié avec son flegme si vous voulez) remettez le flegme, l'esprit et l'huile, puis mettez le tout en digestion au B. M. par quelques jours chassez le pur d'avec l'impur, et après une assez longue digestion distillez l'humidité, et toutes les vertus tant de l'huile que de l'esprit, se joindront et le mêleront avec le sel, duquel vous donnerez quelques grains dans du bouillon, ou du vin, ou dans quelque autre liqueur, propre pour toutes obstructions et plusieurs autres maladies.

VII. — *Huile de vitriol et du se tout ensemble*

Quand on ne trouve pas de bons vaisseaux de verre pour endurer le feu, on peut faire mieux et plus facilement l'huile de vitriol et du sel, en desséchant le vitriol jusqu'à la jauneur, et le sel jusqu'à la décrépitation, et mêlant deux parties de vitriol pulvérisé subtilement avec une de sel, et deux de bol concassé grossièrement, poussez à grand force de feu, et le sel aidera à passer le vitriol, et vous aurez d'avantage de liqueur propre à tirer le soufre des marcassites, plus que ne sont les eaux régales communes.

Pour séparer l'un et l'autre esprit, mettez le tout au bain bouillant, et l'huile de sel sortira la première, d'un goût aigre, et telle que si vous l'eussiez distillée toute seule, et l'huile de vitriol médiocrement acide, demeurera comme plus pesante en sa pleine force, propre aux usages à quoi elle sert communément; cette huile de vitriol se peut déflegmer et purifier pour en dissoudre la Lune.

Je me voudrais servir de cette eau pour la précipitation du Mercure, car elle n'est pas si corrosive ni si nuisible que les autres.

VIII. — Huile douce de vitriol

Vous tirerez l'huile douce de vitriol, si sur douze livres de colcotar vous mettez une livre de flegme, et le tout dans un matras clos hermétiquement, enseveli entre deux pots pleins de cendres, col et tout, et mis en lente digestion d'Athanor par huit jours, au bout desquels votre matière se putréfie et se digère, de sorte qu'elle devienne comme de la bouillie, il la faut mettre alors dans un luth de verre pour distiller à feu de réverbère, et il distillera du commencement pour chaque livre de colcotar, une ou deux onces d'huile douce, laquelle est le souverain remède pour les fièvres, les hydropisies à mêmes pour le rouge sans douleur, les polypus et les caroncules ; si vous changez de récipient et que vous poussiez davantage le feu, vous distillerez une huile très âcre et violente, en quantité de plus de trois ou quatre onces pour livre, qui est propre pour précipiter le Mercure, mettant sur chaque livre d'huile demi livre de Mercure, et versez après qu'il est bien dissout en eau, quatre onces du sel que vous tirerez du colcotar avec l'eau commune de fontaine.

Après distillez cette eau par l'alambic à gros bouillons, et par ce moyen le soufre aigre de l'huile de vitriol montera, et si vous renouvelez les eaux plusieurs fois, et que vous les fassiez distiller, vous en séparerez toute l'aigreur.

IX. — *Autre huile douce de vitriol*

On rend encore l'huile de vitriol douce comme miel, et qui peut dissoudre le Soleil parfaitement, en cette manière.

Prenez de l'huile de vitriol bien faite, tant qu'il vous plaira, mettez y dedans la quatrième partie de son poids de limaille de Mars, mêlez le tout selon l'art, et le mettez sur le feu de cendres par une heure, et l'huile se changera en douceur; filtrez en après cette huile par le drap, et ainsi vous aurez une huile excellente, pour la dissolution de l'or.

D'autres dissolvent dans l'huile de vitriol, du sel de tartre tant qu'il en peut dissoudre, et redistillent derechef l'huile par-dessus, réitérant tant de fois cette solution et redistillation, qu'il puisse dissoudre l'or en feuilles ou calciné.

Pour le calcul redistillez l'huile de vitriol sur le cristal.

Pour arrêter le sang sur le Crocus Martis.

Pour la roboration sur le coral et sur les perles.

Il y en a qui sur deux ou trois livres de vitriol, ajoutent une livre ou demi livre de coral, et font pousser l'huile de vitriol tout ensemble, à quoi le coral sert merveilleusement.

CHAPITRE III

DU SOUFRE

I. — Baume de soufre souverain à toutes affections de poumon

Prenez des fleurs de soufre, ou du soufre commun, une once, de l'huile de tartre trois onces, mettez le tout ensemble dans un grand matras sur le feu de cendres, ou l'approchez du feu, afin de faire bouillir l'huile jusqu'à ce que le soufre soit du tout dissout, ce qui se fera sans addition d'eau chaude, si tant est que l'huile de tartre se consumait par trop.

Le soufre étant bien dissout dans l'huile, vous le tirerez du feu et le laisserez refroidir, et verserez par-dessus hors du feu, du vinaigre blanc peu à peu, à cause de l'ébullition qui s'élèvera avec une fumée fort puante, puis laissez rassoir le tout, et il se fera au fond un caillé, ôtez le vinaigre par inclination, et sur le caillé versez autant d'eau chaude que tout l'esprit du vinaigre en sorte, et qu'il vous reste un caillé doux, duquel vous en mettrez dans un œuf, avec le bout des trois doigts à discrétion, et vous verrez merveilles pour tous asthmes, phtisies et ulcères des poumons.

II. — *Fleurs de soufre*

Prenez du soufre, de l'alun, du salpêtre, de chacun une livre, mettez le tout dans un alambic de verre fort capable avec sa chape, donnez feu par degrés au four d'Athanor, il sortira une eau avec laquelle vous pourrez précipiter le Mercure, quand les fleurs commenceront à monter, mettez un alambic aveugle, et augmentant le feu, vos fleurs s'élèveront, d'une livre vous en tirerez toujours 12 onces environ, ou davantage.

III. — *Mortification du soufre*

Il le faut pulvériser et le mêler dans une cornue avec une bonne eau forte graduée par six heures, tant qu'elle l'ait dissout sur cendres chaudes ; puis avant retiré l'eau par distillation, vous y en remettrez de nouvelle jusqu'à trois fois, que votre matière demeurera noire, laquelle vous laverez par tant de fois avec de l'eau chaude dans une écuelle vitrée, qu'elle en sorte douce et bien claire, puis ayant bien desséché votre matière sur les cendres chaudes, vous la mettrez en un creuset bien luté, pour la tenir au feu de flamme de réverbère par quatre heures, étant refroidie vous la trouverez blanche, puis remettez la dans un grand creuset neuf pour la réverbérer encore, et vous la trouverez jaune, et l'ayant derechef pulvérisée et réverbérée en un creuset neuf par quatre heures, vous la trouverez rouge comme cinabre, et fixe, laquelle est admirable pour la santé, selon Paracelse, qui la préparait ainsi.

D'autres tirent la teinture avec l'eau de vie, comme on tire celle de l'antimoine.

IV. — *Teinture de soufre rouge*

Prenez du soufre, que vous dissoudrez en huile de térébenthine, sur cette dissolution vous ajouterez du pain biscuit, remuant toujours tant que la matière devienne sèche et comme en poudre, mettez cette poudre dans un matras, sur laquelle sous verserez d'un bon esprit de vin, qui attirera la teinture rouge, et laissera la partie oléagineuse au fond avec le pain.

V. — *Huile de soufre rouge, contre la peste*

Mettez deux onces d'esprit de térébenthine dans un vaisseau sur l'arène chaude, faites y dissoudre par diverses fois, neuf drachmes de fleurs de soufre, et il vous demeurera une masse noire comme de la poix. Sur cette masse versez d'un esprit de vin bien fait, que vous tiendrez sur le feu de sable, et dans quatre heures, vous en tirerez la teinture rouge, remettez encore par-dessus de nouvel esprit de vin, tant qu'il n'attire plus de rougeur, distillez tous vos esprits teints sur le sable dans un alambic, et il distillera une huile très rouge.

Son usage est principalement pour la peste, opérant par les sueurs.

VI. — *Autre huile de soufre rouge*

Il faut faire un vaisseau de verre ou de terre de Beauvais en façon d'un luth, puis donner feu très petit du commencement, pour faire fondre le soufre que vous y aurez mis par petits morceaux, lesquels vous mêlerez avec autant de pierre ponce, qui est un merveilleux véhicule pour pousser toutes choses, et qui ne donne ni ne peut imprimer sa qualité à la matière, et notez qu'après il faut donner le feu grand par-dessus (car c'est ainsi et que le soufre, et que les résines, et toutes les gommes huileuses et sulfureuses le distillent) et il en sortira d'une livre près de 4 onces, et quelquefois un peu moins.

Cette huile dissout la Lune aussi bien que celui qu'en tire par la campane.

CHAPITRE IV

DE L'ARSENIC

I. — Préparation de l'Arsenic

L'Arsenic est égal au Mercure, tant en la propriété qu'il a de blanchir, qu'aux vertus occultes de sa nature, c'est pourquoi Paracelse réitère en l'on Livre de l'Aurore le Mercure et toutes ses préparations, et prend en son lieu l'arsenic bien préparé et bien purgé de toutes ses impuretés.

Pour le purifier donc et le préparer à la maniéré des Philosophes, prenez de l'arsenic cristallin et du bon Sandaracha vulgaire parties égales, mettez-les en poudre dans une cornue avec quantité d'eau commune, et lui donnez feu de distillation, jusqu'à ce que l'eau fois passée, et qu'elle ait emporté dans le récipient toutes les noirceurs toutes les impuretés de l'arsenic, et que tout ce qui ce pourra sublimer soit élevé, puis ouvrant votre cornue vous trouverez que tout le sublimé ne sera que folle farine blanche, qui est toute l'impureté de l'arsenic, et vous trouverez au fond toute la bonne substance en forme d'un beau régule cristallin, lequel étant préparé de la sorte, se peut sublimer avec l'antimoine et le vitriol, au lieu du Mercure sublimé, et faire avec cela la Triade de Paracelse.

On prépare encore l'arsenic en plusieurs sortes, car les uns séparent la substance farineuse en le sublimant avec le Mars ou avec du savon, et d'autres par d'autres moyens, comme nous l'avons spécifié en notre Livre de la préparation Spagyrique des médicaments.

II. — *Sublimation de l'arsenic*

Prenez de fort bon arsenic, et le fixez en le calcinant avec le salpêtre selon l'art, et de cet arsenic calciné prenez en six onces, avec autant de bon sublimé, et quatre onces de sel commun préparé ou décrépité, mettez le dans un sublimatoire ou matras propre à feu de cendres, et quand l'humidité sera toute sortie, bouchez le avec du coton, lui continuant et augmentant le feu de sublimation par degrés, tant que le sublimé soit tout à fait monté au col du vaisseau, ce qui adviendra dans douze heures si vous conduisez bien le feu, exposez finalement la fiole ou le matras à l'air, afin qu'il se casse de soi-même, et que vous en puissiez mieux séparer votre matière.

Prenez ce sublimé, et le resublimez encore par trois ou quatre fois, avec de nouvelle matière, c'est pour lui donner une impression coagulative, et une teinture blanche de l'arsenic, ce qui est un grand secret.

Ce sublimé étant ainsi préparé soit mêlé avec la moitié de tartre en poudre y ajoutant du vinaigre, et procédant toujours comme l'on fait en la revivification du cinabre, ainsi vous préparerez en ce sublimé un Mercure, lequel étant bien net et purifié, sera préférable au vulgaire en toutes sortes d'opérations Chimiques.

CHAPITRE V

DU CINABRE

I. — Cinabre minéral

De tous les cinabres le minéral est toujours le meilleur, et de celui-ci il s'en trouve un fort excellent, auprès de Marbourg en Allemagne, ou il y a une mine de Cinabre très rouge et du plus beau du monde, duquel on tire un Mercure coulant, qui dore la cuillère d'argent, et ce Mercure se tire facilement, et en quantité raisonnable, car si vous ajoutiez à une livre de ce Cinabre pulvérisé tant soit peu d'argent vif, vous tirerez pour le moins demi livre de Mercure coulant, lequel est d'une nature plus noble que le vulgaire, pour ce qu'il subtilise si fort les métaux, qu'étant amalgamé avec l'or, les orfèvres ne peuvent s'en servir adorer, à cause qu'il en est par trop atténué.

II. — Extraction du Mercure du Cinabre commun

Prenez du Cinabre commun telle quantité que vous voudrez, et l'ayant bien réduit en poudre vous le mettrez avec la moitié de son poids de tartre pulvérisé, puis vous mettrez le tout dans une grande cornue avec d'un très fort vinaigre, qui surnage les matières de trois ou quatre doigts, les broyant auparavant bien fort, et puis en ayant retiré le vinaigre par une lente distillation, vous l'ôterez du récipient pour le remplir à demi d'eau commune, après vous l'ajusterez et l'accommoderez avec la cornue, laquelle vous aurez auparavant posée sur le four ensevelie dans le sable, et ferez bon feu par-dessous, et sur la fin par-dessus, et vous verrez distiller le Mercure coulant en grande quantité dedans l'eau de votre récipient, après vous le séparerez de l'eau, et l'ayant bien desséché de son humidité, vous le garderez pour vous en servir à faire vos Mercures précipités et autres choses.

Vous remarquerez que la chaux vive broyée peut servir au lieu de tartre à revivifier en Mercure coulant le cinabre, comme aussi le Mercure sublimé étant mêlez avec eux en même quantité que le tartre.

Ces Mercures ainsi préparés sont bien de toute autre nature que le vulgaire, qui par sa grande de froideur et crudité ne convient nullement avec les choses chaudes et cuites, comme sont les métaux parfaits le Soleil et la Lune.

III. — *Cinabre d'Antimoine*

Prenez de l'antimoine cru et du Mercure sublimé, parties égales mêlez bien ensemble, et les mettez dans une retorte adaptée et lutée avec son récipient, et sur un feu de sable, vous en tirerez par degrés une gomme qui sera le beurre d'antimoine, et quand la gomme aura cessé de distiller, vous ferez feu par-dessus aussi bien que par-dessous, et votre matière se sublimera toute tant aux côtés qu'au col de la retorte, et par ce moyen vous ferez un fort beau cinabre d'antimoine.

CHAPITRE VI
DES PIERRES PRÉCIEUSES

I. — Essence de coraux et de perles

Les coraux se peuvent calciner avec le salpêtre, et puis on en peut tirer l'essence avec l'eau de vie, laquelle ne touche pas au salpêtre, et quand elle y toucherait, je ne pense pas qu'elle y peut nuire, vu l'excellent remède qu'on tire du salpêtre, réduit en verre avec le soufre.

Or pour faire la calcination du coral, il faut premièrement le pulvériser, puis le mêler avec trois fois autant de bon salpêtre, et y mettre le feu jusqu'à la parfaite calcination.

On pourrait faire le même des perles, mais il sera meilleur de les dissoudre par le dissolvant aigre du soufre déphlegmé, car encore qu'il demeure mêlé parmi l'essence, il ne lui peut être que grandement utile.

II. — *Dissolution perles par le vinaigre de Saturne*

Distillez le vinaigre empreint du sel doux de Saturne, et y dissolvez les perles, après distillez le vinaigre par-dessus les perles, et quand il sera passé changez de récipient, donnez feu doux, et l'abord vous verrez sortir un esprit blanc et fort éthéré, après poussez un peu le feu, et vous tirerez une liqueur rougeâtre, prenez toutes ces liqueurs et les mettez dans une petite cornue, qui soit mise sur quelque plaque percée pour recevoir la vapeur chaude d'un bain, par laquelle les esprits blancs et éthérés se puissent séparer des autres, en changeant de récipient, et au fond il restera une liqueur rouge, oléagineuse et sulfureuse.

Si donc, sur ces perles ainsi dissoutes, filtrées et dépurées, vous versez quelques gouttes de l'esprit blanc de Saturne, vous verrez le corps de vos perles dissoutes, se coaguler avec le menstrue en une masse fort transparente, et presque toute semblable aux perles Orientales, fort propre à l'embellissement des femmes à fortifier toutes les parties nobles du corps humain.

Quand on a tiré de la litharge, ou du minium l'huile ardente avec tout son esprit, il faut la rectifier selon l'art, et premièrement distiller le pur et le vrai esprit mercuriel ardent, puis une eau de vie rougeâtre et oléagineuse, et finalement un sel en forme de vinaigre très mordant, qui est le flegme avec lequel on dissout les perles.

Et avec l'esprit mercuriel qu'on y ajoute, elles se coagulent avec leur flegme acide. Ce même esprit qui a la vertu coagulative, bien qu'il soit ardant et flagrant à tant de froideur, que vous y trempez un doigt de la main, et que vous l'approchiez d'une chandelle allumée, cet esprit s'allumera sans que votre doigt le sente, car au contraire, vous sentirez votre doigt plus froid que chaud, bien qu'il soit tout enflammé.

III. — *Magistère de perles et de coraux*

Le Magistère de perles et de coraux se fait avec le vinaigre et l'esprit de tartre, car après que vous aurez dissout l'un et l'autre parfaitement dans le vinaigre distillé, et que vous y aurez ajouté quelques gouttes d'huile de tartre, c'est-à-dire du sel de tartre dissout dans de l'eau de fontaine, mettant sur deux livres d'eau 4 onces de sel, le faisant ainsi fort au goût pour être plus pénétrant (autrement les essences iraient au fond et jauniraient) vous séparerez vos perles et vos coraux de leur menstrue, puis vous les adoucirez par diverses ablutions, et vous en servirez à plusieurs beaux usages de la médecine.

Le magistère de perles étant mêlé avec quelque eau d'euphraise en forme de liniment, efface les taches qui couvrent la pupille des yeux, pourvu qu'elles ne soient pas trop invétérées, et que telles taches ne soient pas converties en membrane.

IV. — *Essence des pierres médicinales*

On tire les essences des coques d'œufs, des coquillages, des calculs, des éponges, des pierres qu'on appelle Lyncée et Judaïque, de la même façon que nous venons d'enseigner, et telles essences sont d'une merveilleuse force, pour dissoudre et pousser hors de la vessie les pierres des Calculistes.

Mais les essences de la pierre Judaïque et de la Lyncée, sont incomparablement plus propres que les autres, car si vous en donnez un grain seulement, ou deux, avec du vin blanc, ou bien avec quelque autre eau convenable, vous donnerez un diurétique qui fera uriner presque jusqu'au sang.

J'estime qu'au lieu de vinaigre, on pourrait se servir de l'esprit acide du vitriol ou du soufre, et que si l'on tirait comme dessus, la teinture du sel de la pierre Judaïque, qu'on pourrait en faire un aussi puissant diurétique pour dissoudre la pierre, pourvu qu'on en fît des injections avec la seringue dans la vessie avec l'eau de blanc d'œuf, ou bien après avoir dissout dans le vinaigre ladite essence, la faire dissoudre encore dans les blancs d'œufs endurcis.

V. —*Essence de l'Hématite*

Essence de l'Hématite se peut facilement tirer par le moyen de la pierre ponce, comme nous avons dit en plusieurs endroits, ou bien par l'aide du vinaigre rosat, et de ce vinaigre empreint de cette pierre, on peut faire avec le jus de groseille ou celui de plantin un sirop, ou bien une forme de potion spécifique et très propre ceux qui pissent le sang.

Si vous ne trouvez pas de l'hématite, prenez du coral ou du Crocus Martis, et le préparez de la même façon que l'hématite.

VI. — *Essence de Hyacinthe*

Prenez les Hyacinthes les plus épurées et les plus dépouillées de leur brut que vous pourrez trouver, mettez les bien subtilement en poudre, calcinez les après avec les fleurs de soufre par trois fois, puis tirez-en l'essence ou la teinture avec l'esprit de sel, par la digestion du bain, ou du ventre du cheval, cette teinture est admirable contre les maladies nerveuses, si l'on en donne une dose raisonnable l'espace de quinze jours, et de cela l'expérience en a été faite en un contrat, qui fût parfaitement guéri, étant par ce remède purgé deux ou trois fois, car il cette propriété de purger et de corroborer tout ensemble.

Vous pourrez de même tirer l'essence des autres pierreries.

CHAPITRE VII
DU CRISTAL

Huile de Cristal pour le calcul

Calcinez et rougissez par diverses fois le cristal pulvérisé dans un creuset, après éteignez le dans du vinaigre, continuez cette calcination et cette extinction plusieurs fois, car tant plus tant mieux, et mêmes il serait bon de le réverbérer un peu longtemps dans un four, et d'abreuver après la chaux rouge de vinaigre plusieurs fois, sur ce cristal calciné de la sorte, vous mettrez de nouveau vinaigre tant qu'il surnage 4 doigts pour en tirer un sel, après séparez en le vinaigre, et le sel vous restera au fond de couleur de poireaux, vous mettrez ce sel dessus le marbre pour être dissout en lieu humide, et de cette liqueur vous en donnerez quelques gouttes avec un véhicule convenable pour le calcul.

Le verbe de Venise éteint par plusieurs fois dans l'esprit de vitriol et bien réduit en poudre, à la même propriété que le cristal, votre même plus grande, pour la contrition du calcul, d'autant qu'il participe du sel alcali.

CHAPITRE VIII

DU TALC

I. — *Préparation du Talc avec la manière de le redoute en huile*

Prenez du Talc en poudre, du tartre et du salpêtre, autant des uns que des autres, et les faites calciner dans un grand feu de fusion, jusqu'à ce que votre matière soit blanche, puis retirez les sels, et le Talc vous restera calciné et réduit à une parfaite blancheur.

Enfin tirez en le sel avec de fort bon vinaigre sur un feu de digestion, puis remettez ces vinaigres empreints du sel de votre talc, dans un pot d'alambic, pour le faire distiller jusqu'au sec, et mettez la matière restante en résolution à l'humide, et de cette sorte vous ferez une huile de Talc, s'il est véritable ce que l'on dit, que le vinaigre attire le sel du talc, aussi bien que des autres minéraux. Pour moi je voudrais le distiller jusqu'à la moitié ou jusqu'aux deux tiers, et laisser former les glaçons au froid, comme de toutes autres choses, et la résolution s'en ferait plutôt.

II. — *Autre huile de Talc*

Pulvérisez du Talc, ou le brisez le plus que vous pourrez, pour le mettre dans un pot de terre, qui ne soit point cuit ni vitré, que vous luterez exactement, pour le mettre au four de réverbère durant huit heures, afin qu'il se calcine parfaitement, puis mettez le dans un petit sac de toile neuve, que vous lierez très bien, pour le froisser entre les mains fort longuement, et qu'il se rende tel, qu'il puisse passer aisément au tamis des poudres cordiales ; étant donc en poudre fort subtile comme de farine, mettez le dans une cornue de verre, et l'ensevelissez dans la terre, en une cave, ayant le bec tourné vers le haut, et couvert d'un parchemin, laissez ainsi cela durant 20 jours, sans y toucher, et dans ce temps votre talc sera réduit en pâte, cela fait mettez votre cornue sur le four en une jatte de terre sur deux doigts de sable, qui la couvre tout à l'entour jusqu'au haut, agencez après le récipient et lui donnez petit feu, l'augmentant peu à peu jusqu'à ce qu'il en sorte une liqueur blanche, puis une rouge, et finalement une tannée, ainsi vous verrez diverses couleurs et substances différentes et fort visqueuses, sortir d'une même matière, dont la première, qui est toute médicinale, est appelée terre par les Alchimistes, à raison de son humidité, et la seconde feu, à cause de sa subtilité.

Après pilez vos fèces restantes pour les faire bouillir dans une chaudière, ou dans un pot avec de l'eau de puits, que vous coulerez que vous garderez à part en une fiole bien fermée, aussi bien que les autres huiles. Cette dernière eau blanchit tout le corps, guérit les enflures de jambe et les grosses galles, amollit et blanchit les mains, et les nettoie de toutes taches, si l'on les en lave quelques fois. Mais la liqueur n'en ôte pas seulement les taches, mais aussi les verrues, les cicatrices et les autres marques, elle blanchit les dents de ôte les rides du visage pour jamais, et si l'on en donne à boire deux gouttes dans du vin ou du bouillon, l'on chassera la mauvaise haleine qui procède de putréfaction, de plus elle fortifie la mère, réveille l'appétit et corrige tous les vices de peut l'estomac.

III. — *Autre excellente huile de Talc*

Prenez quatre livres de bon sublimé fait exprès de 4 livres de vitriol Romain, de deux livres de sel commun préparé, et de deux livres de Mercure de cinabre que vous aurez fait mortifier dans du sel et du vinaigre cinq ou six jours, et qu'ayant passé par un linge vous exprimerez peu à peu dans votre matière de vitriol et de sel, que vous aurez auparavant fondus sur un feu de charbon médiocre et à demi desséchés, puis broyez le tout jusqu'à ce qu'il soit réduit en poudre, et que le Mercure ne se discerne plus, alors mettez votre matière sur un marbre, où vous la broierez jusqu'à ce que le tout soit en poudre impalpable, puis mettez la entre deux jattes de terre vernissée pour la sublimer, prenez après de ce sublimé, du colcotar, du verre de Venise, et du sel commun préparé, remettez le tout pour être sublimé comme devant, et ce sublimé doit être encore resublimé, avec autant de talc qu'il pèse, et autant de sel commun préparé par six fois, remêlant toujours les fèces avec les matières sublimées, les rebroyant ensemble chaque fois, et y mettant dessus l'épaisseur d'un travers de doigt de nouveau sel préparé, et de cette manière vous ferez un sublimé beau, cristallin et bien dépouillé de toutes ses vénénosités, lequel est propre tant à la santé qu'à l'embellissement du visage.

Et pour les fèces du sel qui vous seront restées, vous les dissoudrez dans de l'eau pour en séparer le sel, et il vous restera un Talc parfaitement beau, et calciné philosophiquement, qui se peut dissoudre en cet état, et se réduit en huile par l'avec de l'esprit de vin, laquelle sera merveilleuse pour l'embellissement.

Prenez donc de ce sublimé une livre, du sel de tartre fort beau et fort cristallin fait par diverses dissolutions, additions et distillations d'eau de vie deux livres, broyez et mêlez bien le tout ensemble, puis mettez à la cave sur la lame de verre à dissoudre, et le déplegmez ensuite par le bain, et finalement distillez le par les cendres, et tout votre mercure de vie passera en une eau précieuse et transparente, votre sel de tartre demeurant dans la cornue beaucoup meilleur qu'auparavant pour les mêmes ouvrages.

Cette huile toute seule donne déjà le lustre aux perles jaunes, et est un des beaux décorements de la nature, étant mêlée avec des eaux convenables.

Mais pour en faire la vraie souveraine huile de Talc, prenez le talc calciné qui vous est resté, et l'abreuvez dessus le marbre ou dans un vase de verre avec son double poids de votre huile, mettez le tout en digestion au bain durant huit jours, puis passez par la cornue, et une partie du talc mêlée avec huile de Mercure passera dans le récipient, et au fond demeurera le talc en forme de Lumen perlarum, qui se dissout de soi-même en toutes sortes de liqueur, qui est la vraie et l'admirable huile de talc, laquelle blanchit merveilleusement, nourrit le teint, et conserve la beauté, de plus elle efface toutes les tâches et tous les vices de la peau, ôte les rougeurs du visage, quand mêmes elles seraient naturelles, et blanchit tout à l'heure l'écarlate.

Secrets particuliers

SECRETS PARTICULIERS

I. — *L'eau antipodagrique de l'Auteur*

La base de ce grand remède est une eau composée de huit pintes d'eau de rivière, en laquelle on éteint seize fois quatre billes d'acier pesant une livre chacune, et une bille de cuivre du poids d'une demi livre, après il faut infuser dans deux pintes de cette eau, demi once de verre d'antimoine l'espace de 14 heures, et dans les autres six pintes, vous ferez dissoudre deux onces de Mercure précipité ; ces deux eaux ainsi préparées seront mêlées dans un matras, pour en user comme nous dirons ci-dessous.

Vous ferez le Mercure précipité à la façon commune, mais sur quatre onces de Mercure et autant d'eau forte, vous ajouterez demi-once de soufre pulvérisé, que vous ferez dissoudre dans l'eau devant que d'y mettre le Mercure, après vous évaporerez l'eau forte jusqu'au sec, et vous aurez un Mercure précipité blanc comme neige.

Il y en a d'autres comme Rullandus, qui pour remède certain contre la goûte, usent d'une décoction faite de feuilles d'hiebles, de l'écorce interne du sureau, de fleurs de camomille et de mélilot avec une juste quantité d'eau ferrée ou de vieille eau de maréchal, ou de quelque eau où vous aurez éteint plusieurs fois du cuivre rouge, de feu ; ils ajoutent après à chaque livre de cette décoction, une once de cuivre dissout dans l'eau forte commune, et un demi scrupule de Mercure sublimé, et rendent cette eau plus, ou moins âcre, selon qu'ils ajoutent plus ou moins de la dissolution du cuivre et du mercure sublimé. Le Médecin doit régler les doses selon la qualité du mal et la disposition du malade.

D'autres usent contre le même mal de l'eau forte où l'on a départi de l'argent avec une décoction de mélilot, à quoi ils ajoutent un peu de Mercure sublimé.

Il y en a d'autres qui font un remède spécifique à ce genre de mal, par le moyen du flegme et de l'esprit qui le tirent du, vitriol, et principalement de la verdeur du sel marin, qu'ils appliquent un peu chaudement avec des linges, sur la partie douloureuse.

Les autres se servent heureusement de l'eau où ils ont jeté plusieurs fois du plomb, du cuivre, de l'or et de l'argent, après les avoir fondus, finalement ils font infuser et macérer au bain marie de la litharge, de l'antimoine, du minium et des marcassites d'or et d'argent.

Plusieurs encore font un remède qu'ils estiment singulier contre ces douleurs indomptables par les anodins et parégoriques, ils le composent d'eau commune, où ils font, macérer dix ou douze jours de la chaux vive, et y font cuire après des fleurs de boutons blancs de sureau, ils ajoutent à cela du colcotar, ou des fèces d'eau forte, et de cette composition ils s'en servent diversement selon la qualité des maux.

D'autres ajoutent à la recette de Rulland, l'argent vif calciné ou réduit en sel, par le moyen de l'eau forte en suffisante quantité, car lorsque ce Mercure est ainsi préparé, il est comme un furet, qui pénètre jusqu'aux racines du mal pour y résoudre les tartres, les tels et les matières gypsées, contenues aux jointures, qui causent de si grandes douleurs, car il réprime et tempère la grande acrimonie et arrête la fluxion les nouvelles matières qui tombent d'ordinaire sur toutes ces parties, si bien qu'on peut le nommer à bon droit le spécifique des douleurs arthritiques. Et le grand dissipateur des gommes qui les accompagnent; il ne remédie pas seulement aux douleurs de la goûte, mais encore à celle de la vérole et des modus, pourvu qu'il ne soit appliqué extérieurement, et qu'il soit bien, et fidèlement préparé et non tout cru, tel que les Apothicaires ont accoutumé de le préparer ordinairement dans leurs onguents, emplâtres et cataplasmes. On peut encore distiller les eaux ou l'on aura calciné et dissout les Mercures, et de ces eaux empreintes de son essence, en user comme d'un remède de grande vertu.

Ce n'est donc pas sans raison qu'à toutes les eaux antipodagriques, on ajoute des matières métalliques et minérales, d'autant qu'elles tiennent toutes de la substance mercurielle, laquelle est le vrai réfrigératif, qui chasse les inflammations et l'acrimonie des matières retenues dans les articles, et cela, non comme sont les oxycrats, les sucs de plantain et les narcotiques ordinaires qui bouchent les pores, encrassent les grossières humeurs et les gommes durcies, et par conséquent irritent le mal au lieu de l'adoucir.

Tout au contraire les choses métalliques, par les sels de nature mercurielle qu'elles communiquent aux eaux où l'on les fait infuser, tempèrent les acrimonies des matières coulantes, dissipent, atténuent, résolvent, et consument les gypsées et gommeuses, et ôtent en même temps la cause conjointe, qui fait le mal et provoque la douleur, et par conséquent guérissent totalement et radicalement la goûte et toutes les douleurs.

L'usage de celle eau antipodagrique est d'y tremper un linge en forme de jarretière, duquel vous passerez la partie au dessus de l'endroit malade, et elle chassera le mal en bas, et peu à peu vous descendrez la bande pour suivre le mal jusqu'à ce qu'il soit entièrement ôté.

II. — Le vrai Laudanum ou Nepenthes de l'Auteur

La préparation de ce remède suppose pour sa base le narcotique du vitriol et de la Lune. Pour faire donc un tel narcotique il faut prendre quatre onces de vitriol bien rubéfié et le poids de dix écus de Lune calcinée, puis il faut les mener ensemble et les mettre dans une cornue de verre à feu de cendres violent, après avoir auparavant versé dessus un demi septier de fort bon vinaigre distillé ; repassez sept ou huit fois ce vinaigre dessus votre matière, et elle demeurera au fond, visqueuse et gluante.

Vous remarquerez qu'en telles distillations, il est nécessaire d'avoir un grand récipient, ont l'ouverture du col et le bec de la cornue entrent l'un dans l'autre, si justement jusqu'à la pomme, que rien ne respire, et de plus il faut luter les jointures et rafraîchir la pomme du récipient d'un linge mouillé.

Ces distillations étant achevées, versez la dernière dessus votre matière, après retirez les toutes pures et claires, et les mettez dans un alambic, sur un feu de cendres fort doux, pour en séparer le vinaigre, et la matière qui restera gluante au fond, sera le vrai narcotique et la vraie base dont nous avons parlé ci-dessus.

D'ailleurs faites l'huile d'or et d'argent, à savoir celle de Soleil avec l'huile de genièvre, et celle, de Lune avec l'huile de sauge.

Faites d'aune part une grande quantité de teinture de coral, ainsi vous aurez les fondements et les bases que vous devez avoir de ce grand admirable secret.

Faites boire au soufre doux du vitriol, par diverses réitérations et médiocres exsudations son pesant, pour le moins de la teinture de coral qui est vitriolique, et dans laquelle sous aurez fait auparavant dissoudre quelques feuilles d'or. Et quand une once de ce soufre aura bu une once et demie de celle teinture empreinte de l'or, ajoutez y demi once de magistère de perles, de notre façon, et comme nous l'avons décrit en notre Panacée, de l'huile le Soleil et de Lune, faites comme nous avons dit ci-dessus, une drachme et demie.

Sur cette mixtion qui deviendra plus noire et plus épaisse que de la poix, ajoutez y les essences de mumie, de thériaque et de mirthridat, les confections d'alkermès, et de hyacinthe, des santaux de chacun demi drachme, des essences de carabe et de camphre, de chacune un scrupule, du vrai bézoard, et de la terre bézoardique, de la corne de cerf préparée, de la licorne, de la terre sigillée de chacun un scrupule, de l'essence de safran deux drachme, des huiles de cannelle, de noix muscade, de macis, de girofle, de poivre, de chacune douze gouttes, des huiles d'anis, de fenouil doux et de l'écorce de citron, de chacune vingt gouttes, de la liqueur de soufre, tiré par la campane et fortifiée avec l'huile de sauge, ou une mêlée avec le sel de sauge deux scrupules, des essences d'ambre et de musc, de chacune demi scrupule, (notez que pour les femmes il n'y faut pas ajouter ni le musc, ni l'ambre) mettez sur le tout une once de l'eau qui sort des premiers cornillons des cerfs et le faites circuler en un vaisseau clos hermétiquement, pour mieux faire les conjonctions par trente jours, et vous aurez un Laudanum le plus excellent du monde, duquel la dose de deux gains fera merveilles sans aucun narcotique à toutes douleurs de goûtes, véroles, épilepsie et autres maladies langoureuses, fièvres continues, défluxions, maladies d'estomac, néphrétiques etc.

Voyez encore sur ce sujet les œuvres de l'Auteur, où vous trouverez plus amplement les effets et les vertus admirables de ce Nepenthes.

III. — *L'Élixir ou Mercure de vie de l'Auteur*

Purifiez le petit Roi par des diverses fusions et ablutions jusqu'à ce que vous l'ayez dépouillé de ses noirceurs, et que vous l'ayez rendu fort pesant, et fort étoilé, prenez de cette matière une partie, du Mercure sublimé, fait exprès et dulcifié par le sel, deux parties, distillez le tout et s'il ne passe entièrement, remettez y de nouveau Mercure sublimé, redistillez comme auparavant, et le tout passera comme une graisse mettez le récipient qui contient cette graisse dans une cave quelques jours, et votre matière deviendra liquide, ou plutôt une eau pesante mercurielle, après mettez au B. M. cette eau pour la purifier, jusqu'à ce quelle ne fasse plus de fèces, puis faites la calciner et précipiter dans l'eau que connaissent les Philosophes, dans un moment vous ferez un précipité blanc comme neige ; outre cela vous verrez en cette eau l'esprit du vitriol se dissoudre soudainement, séparez l'eau et y en remettez de nouvelle tant de fois quelle n'ait plus aucune aigreur, et faites que la séparation se fasse par distillation, pour ce que l'eau qui en sortira de la sorte, laissera au fond du vaisseau un excellent esprit de vitriol pour les épilepsies.

Quant à la chaux qui restera douce au fond du vaisseau, desséchez la bien, et la sublimez avec votre soufre vitriolique, circulez après cette matière avec un bon esprit de vin, pour en faire un excellent remède, ou pour le mieux prenez de cette chaux blanche trois parties, du régule préparé comme dessus, avec lequel vous aurez fondu de l'or ou de l'argent deux parties (car ainsi votre matière sera plus disposée à la sublimation) de une partie de soufre vitriolique sublimez et resublimez le tout deux ou 3 fois, et tant que la noirceur apparaisse, et vous aurez un souverain remède, qui fera de grands et de merveilleux effets pour l'épilepsie, et vous en donnez la dose de quatre grains ; mais pour le mieux circulez le tout, avec l'esprit de vin et puis le distillez.

IV. — *La Panacée de l'Auteur*

Prenez du sel armoniac une partie, de la chaux vive deux parties, mêlez l'un et l'autre ensemble, et les mettez dans un pot de terre plombé, ou pour le mieux dans uns grand matras de verre, dont la pomme soit toute lutée, mettez le à feu de roue, et l'approchez peu à peu dès le commencement, et sur la fin couvrez le vaisseau de feu et le laissez refroidir, après que ce feu aura duré quatre heures, et vous trouverez votre sel armoniac au fond du vaisseau, séparé de la chaux, lequel vous dissoudrez, filtrerez et coagulerez selon l'art, puis vous le broierez et le remêlerez avec son double de chaux, et le mettrez dans un matras et dans un feu, comme vous avez fait la première fois, et au bout de cette opération vous le trouverez au fond du vaisseau, bien augmenté et plus fixe qu'il n'était auparavant, vous le redissoudrez encore, le filtrerez et le coagulerez comme devant en un vaisseau de verre ou de terre de Beauvais, réitérez cette opération trois fois.

Enfin prenez votre sel armoniac fixe, et le fondez en un creuset à feu de fonte, jetez le en lingot, comme on y jette les métaux, broyez le, et le mettez sur un verre à la cave, où il se dissoudra en eau blanche comme eau de roche ; ce que vous verrez arriver en peu de jours ; faites déflegmer cette eau par un alambic au bain ou à feu de cendres, et prenez garde qu'au lieu de le déflegmer seulement, vous ne lui ôtiez toute son humidité, et par conséquent vous ne le remettiez en sa première forme de sel.

Prenez de cette eau déphlegmée deux ou trois parts, mettez la dans un petit corps d'alambic et la faites chauffer, puis mettez y une part de Mercure sublimé réduit subtilement en poudre, et sur une lente chaleur vous le verrez dissoudre dans un quart d'heure.

Cela fait, prenez du papier gris et en pliez petites pièces, et lui faites boire cette eau de sel et de Mercure, mettant chaque pièce abreuvée de la sorte dans une retorte, ou dans un nouvel alambic, tant que le papier ait bu toute l'eau, puis distillez à feu de sable et votre esprit mercuriel sortira du vaisseau un peu rougeâtre à cause du papier et du grand feu dont vous l'aurez chassé, mais s'il est ainsi, vous le rectifierez par l'alambic, et vous le rendrez clair, beau, blanc, doux et d'une odeur presque semblable à celle du musc.

C'est ici votre dissolvant de perles, de coral etc. lequel donné seul peut servir d'un souverain remède sudorifique.

Si donc vous désirez dissoudre des perles avec ce menstrue, prenez en une once des plus orientales, lavez les bien, et les pulvérisez, puis les mettez dans un petit corps d'alambic, de qui le col n'ait qu'un pouce d'ouverture, bouchez le avec une couverture de verre, et le mettez sur une fort lente chaleur de cendres, où les perles se dissoudront dans une heure, et laisseront au fond des fèces noires ; séparez après le plus clair de votre dissolution, et le passez par l'alambic, et vous aurez un dissolvant qui vous pourra servir encore pour une autrefois, et pour les résidences qui demeureront sèches au fond, vous y ferez repasser par-dessus trois ou quatre fois d'un bon esprit de vin, et puis de l'eau distillée, par laquelle vous séparerez tous les esprits mercuriels du dissolvant, qui pourraient être restés dans la matière, et de cette force vous réduirez vos perles en une dissolution philosophique, qui sera d'une senteur aussi douce et délicieuse que le musc.

Vous remarquerez qu'aussitôt que la dissolution sera faite, il la faut laisser refroidir, puis la filtrer par un cornet de papier gris, que vous mettrez dans un entonnoir, et quand par ce moyen le tout sera filtré, vous séparerez par l'alambic votre menstrue jusqu'au sec, comme vous avez déjà fait ci-dessus.

C'est esprit mercuriel ne dissout pas seulement les perles, mais aussi le crocus martis, duquel on tire une excellente teinture rouge, qui séparée de son dissolvant comme les perles, peut servir à la santé et principalement à celle du foie, qu'il ne rectifie pas seulement, mais, en guérit les plus grandes maladies, comme les hydropisies et les dysenteries les plus obstinées.

Prenez d'ailleurs du régule d'antimoine, empreint de l'esprit des sept métaux, et du Mercure sublimé, parties égales, pilez le tout et le mettez dans une cornue pour le distiller, et le faire passer en forme de graisse ou d'huile congelée, et la jetez après dans de l'eau bouillante, où d'abord vous verrez votre huile se précipiter en poudre blanche, laquelle vous laverez avec de l'eau froide par sept ou huit fois, afin qu'elle devienne douce et sans âcreté, que vous ferez après rectifier avec de l'esprit de vin.

Après avoir préparé cette poudre, et l'avoir bien desséchée, vous la mêlerez avec autant de bon salpêtre cristallin et de fleurs de soufre, et jetterez le tout dans un creuset ou mortier de fer, puis vous y mettrez le feu avec un charbon allumé, et le salpêtre s'enflammera et laissera votre matière calcinée au fond, prenez cette chaux et la dissolvez dans de l'eau chaude pour en tirer le sel, et sur la poudre qui restera remettez de nouveau salpêtre pour l'allumer encore, réitérez ce procédé quatre ou cinq fois pour chasser tout le venin arsenical de l'antimoine qui est ce qui rend votre poudre vomitive.

Ces fleurs d'antimoine bien desséchées seront dissoutes avec le même dissolvant de perles mercuriel, faisant et observant tout le procédé de la dissolution des perles. Que si le dissolvant ne les dissout totalement, vous userez de la cohobation.

Prenez du safran Oriental le meilleur que vous pourrez trouver, tirez en l'extrait par un excellent esprit de vin selon l'art, lequel vous séparerez par distillation, et ferez après repasser par-dessus votre safran deux ou trois fois de l'eau commune distillée, pour attirer l'odeur de l'esprit de vin et celle du safran, laquelle est désagréable à quelques uns, et quand vous ferez la dernière distillation, faites la jusqu'au sec, afin que l'essence du safran se dessèche si fort qu'elle se puisse pulvériser.

Prenez de l'essence de perles, de l'essence de fleurs d'antimoine et de l'essence de safran autant de l'un que de l'autre, mêlez bien le tout ensemble, et mettez par-dessus d'un excellent esprit de vin, qui surnage deux doigts, puis faites digérer le tout au B. M. par 24 heures ; enfin distillez l'esprit de vin, et votre médecine sera faite.

On donne aux petits enfants trois grains ce remède, à ceux de 15 ans cinq grains, aux vieilles gens sept grains, et aux robustes neuf ou dix, avec un peu de vin ou d'autre liqueur convenable, et une donc de cette médecine peut opérer dix fois insensiblement et imperceptiblement, par les sueurs sans altérer aucunement la constitution ni le tempérament, c'est pourquoi il doit être justement estimé l'un des plus excellents remèdes contre toutes les maladies déplorables, et principalement contres phtisies, les langueurs, les hydropisies, les hectiques, les cachexies et les fièvres, bref c'est une médecine générale, qui non seulement chasse tous les maux du corps humain, mais conserve encore la santé, on en donne quinze ou vingt prises consécutives, quand on veut déraciner les plus rebelles maladies, car la propriété principale de ce remède consiste à restaurer le baume radical. J'ai ajouté parfois à cette composition un peu de l'huile de Soleil, qui entre dans notre Népenthes, et de ma teinture de sel, qui faisaient merveilles.

V. — *La grande Panacée ou l'Anodin polychreste de Montanus*

La préparation de ce remède consiste principalement en deux chefs, qui sont le soufre du vitriol, et la vraie essence de l'or.

Pour bien faire le soufre vitriolique, il faut prendre du vitriol Romain, ou plutôt de celui de Hongrie tout cru, que vous ferez cuire dans de l'eau commune, en un bain marie chaud et bouillant, dans un vaisseau de verre, jusqu'à ce qu'en la superficie il apparaisse une petite peau, alors versez par-dessus quelques gouttes d'huile de tartre, pour faire aller au fond le soufre du vitriol, en versant par inclination dans un vaisseau de bois le reste, où vous mettrez quelque bâton de bois, afin que le vitriol se puisse coaguler, et que le soufre aille au fond, le vitriol qui adhère aux ballons étant desséché à feu lent, se rend en poudre jaunâtre, laquelle vous dissoudrez encore en eau, la cuirez comme auparavant, jusqu'à ce qu'il fasse la petite peau, sur laquelle verserez derechef quelques gouttes d'huile de tartre, bref continuez ce procédé comme à la première fois, tant que tout votre vitriol se convertisse en soufre ; faites enfin circuler ce soufre avec un excellent esprit de vin plusieurs fois, jusqu'à la parfaite douceur. Ainsi se fait déjà un grand remède, lequel étant calciné philosophiquement par l'aide d'un esprit de vin alcalisé, se réduit en une liqueur propre à toutes les cachexies, hydropisies, fièvres intermittentes, dysenteries, coliques, et surtout à la peste.

Pour l'essence de l'or, qui donne le nom de polychreste à celle Panacée, elle se fait en cette sorte.

Prenez de l'eau philosophale, faire de nitre et de sel armoniac dont nous avons dit la préparation ailleurs, dans six onces de laquelle dissolvez une once d'or, distillez, puis repassez par-dessus la chaux d'or, trois onces de cette nouvelle eau, et réitérez cela trois fois, ainsi pour dissoudre une once d'or, il faut presque une livre d'eau philosophale.

Votre Soleil étant dissout, faites en distiller l'eau sur les cendres, dans un alambic qui soit plus étroit par le bas que par le haut, car c'est par ce moyen que l'or passera mieux et plus facilement ; prenez garde de ne point distiller jusqu'au sec, mais seulement en consistance de miel ou de sirop, et de renouveler à toutes les fois de l'eau philosophique, au poids de trois ou quatre onces, comme nous avons déjà dit, jusqu'à ce qu'enfin vous voyez monter l'or avec son dissolvant, et qu'il ne reste au fond qu'une chaux blanche, tirant sur le grisâtre.

Cela fait, prenez le récipient où sera passé votre or, avec son dissolvant, et y versez par-dessus trois fois autant d'eau commune que pèse votre dissolution, et après avoir bien mené le tout, jetez y quatre onces de Mercure de cinabre pour une once de Soleil, et il se fera d'abord une éclipse, que vous laisserez résider au froid vingt quatre heures, pendant lequel temps le Mercure s'amalgamera avec l'eau que vous verserez par inclination, y ajoutant de nouvelle eau de fontaine en assez grande quantité pour laver l'amalgame plusieurs fois, après on exprime le Mercure, et l'on remet ce qui passe sur le reste de l'eau que vous avez versée par inclination, pour voir si elle ne retiendra rien encore de l'or que le Mercure aura pris et attiré, afin qu'ainsi vous ne perdiez rien de votre or.

Prenez après cet amalgame bien exprimé et le mettez sur la gerbe dans une petite écuelle de terre qui tienne le feu, et par ce moyen vous trouverez une chaux d'or merveilleusement atténuée, très rouge et très propre à se dissoudre dans l'huile de genièvre pour la composition de notre Nepenches.

Mais pour la préparation de ce polychreste, dissolvez-la dans un excellent esprit de vitriol déphlegmé, jusqu'à la perfection et qu'il soit, s'il est possible, tiré du vitriol de Hongrie, celui de Chypre serait encore meilleur parce qu'il a la couleur saphirine.

Il faut remarquer en passant que l'esprit vitriolique, aussi bien mieux que l'esprit de sel a la vertu d'attirer et de s'imprégner de la seule teinture de l'or, ou du soufre Solaire, dont il se colore en façon de rubis, de ce menstrue ainsi teint peut déjà servir d'une médecine universelle et souveraine à toutes les maladies déplorables, en dose de 3 ou 4 gouttes avec du bouillon, ou quelque autre liqueur convenable. Mais pour le polychreste, il en faut faire séparer l'esprit du vitriol, imprégné de la seule teinture de l'or, et qui aura laisser un corps blanc, dont vous pourrez faire autre chose, comme je l'ai montré en mon livre de Spagyrica préparat. Cap. De tinct. Auri.

Pour la composition de ce polychreste, il faut prendre une partie de notre soufre de vitriol, et une de la teinture ou de l'essence d'or, que nous venons de préparer, puis mêler bien le tout, et le circuler avec un excellent esprit de vin par diverses cohobations, ainsi vous ferez assurément un remède d'une merveilleuse douceur, pour ce que la teinture de l'or adoucira beaucoup le soufre de vitriol, le rendant meilleur qu'auparavant, ce qu'il fera tant par sa propre vertu, que par celle de l'esprit de vin. Après le mélange de ces deux choses, vous en séparerez du bain doux l'esprit de vin, jusqu'à la consistance de miel, et lors vous aurez une matière rouge et de saveur fort douce, de laquelle prenez deux onces, de l'essence de safran demi once, du magistère de perles et de celui de coral (de la préparation que nous avons montrée en la Panacée précédente) de chacun deux drachmes, mêlez ces trois matières ensemble et vous en ferez une grande médecine générale, tant pour la guérison, de tous maux, que pour la conservation de la santé, et la prolongation de la vie.

Reutzius grand Médecin de Poméranie assure cette merveille, que la seule odeur de ce grand remède, lie tellement les esprits du cerveau, qu'elle provoque d'abord un doux et gracieux sommeil, qui plus est, apaise soudainement toutes sortes de douleurs ; on n'en donne jamais pour la cure des plus grandes maladies, que la dose, de deux grains, que l'on fait dissoudre dans du vin, ou dans quelque autre liqueur propre ; ainsi l'on fortifie non seulement nature mais l'on redouble encore son baume radical, de sorte qu'on peut dire véritablement que c'est l'unique polychreste, la seule panacée, et la vraie médecine de tous maux, et pour le dire en vin mot, le grand Arcane, qui purge, incise, expulse, mondifie et robore tout ensemble, l'excellent Élixir, et le souverain magistère, qui renouvelle tout le corps en le pénétrant jusqu'aux moelles, et s'unissant à tous les esprits naturel, vitaux et animaux, délivre les parties principales du corps humain de tous les grands maux qui les peuvent attaquer, et surtout des épilepsies, des apoplexies, des paralysies, des contractures, des syncopes, des palpitations, et de toutes les chaleurs étranges et fébriles, comme aussi de toutes les douleurs et des obstructions, qui causent les cachexies, les hydropisies, les passions hystériques et semblables, bref c'est la médecine universelle, et la plus grande après l'Azoc, qui peut produire des merveilles encore plus grandes, si l'on y ajoute les teintures de coral et du sel tout animant.

TABLE DES MATIÈRES

TRAITÉ DE LA MÉDECINE MÉTALLIQUE

CHAPITRE I
I. — Vraie préparation du sel des Philosophes pour faire un Dissolvant général et une Médecine universelle 11
II. — Autre merveilleux dissolvant 16
III. — Autre dissolvant qui est l'eau ardente métallique . 17
IV. — Autre dissolvant universel, appelé le vinaigre des Philosophes 19
V. — Eau philosophale pour dissoudre les deux luminaires 20
VI. — Diluant pour toutes sortes de pierres précieuses . . 21
VII. — Extraction des huiles et des teintures des minéraux 22

CHAPITRE II — de l'or
I. — Manière de faire l'or potable, selon la méthode de Raymond Lulle 24
II. — Usage du précédent soufre des Philosophes 27
III. — Autre usage du même soufre des Philosophes . . . 28
IV. — Autre usage du même 28
V. — Manière de faire l'or potable 29
VI. — Manière de faire l'or potable 30

VII. — Manière de faire l'or potable 34
VIII. — Manière de faire l'or potable. 35
IX. — Manière de faire l'or potable 36
X. — Manière de faire l'or potable. 37
XI. — Manière de faire l'or potable 38
XII. — Manière de faire l'or potable 39
XIII. — Manière de faire l'or potable. 40
XIV. — Huile d'or de Rudelius Médecin de Scucherg en Misnie 41
XV. — Autre huile d'or fort particulière au sieur de la Violette 42
XVI. — Essence de teinture d'or 44
XVII. — Or sudorifique 46
XVIII. — Or purgatif 48
XIX. — Or de vie 49
XX. — Or végétable 50
XXI. — Or calciné des Philosophes 50
CHAPITRE III — de l'argent
I. — Belle préparation de Lune contre les affections du cerveau 52
II. — Autre préparation 53
III. — Huile de Lune. 53
IV. — Mercure de Lune 54
V. — Calcination de Lune 55
CHAPITRE IV — du fer
I. — Préparation du fer qu'on appelle Crocus Martis. . . 56
II. — Régule de Mars 57
III. — Teinture de Mars 57
IV. — Sel ou cristal de Mars 58

CHAPITRE V — du cuivre
    I. — Moyen d'extraire le vitriol de Vénus. 60
    II. — Mercure de Vénus 61

CHAPITRE VI — de l'étain
    I. — Remède spécifique tiré de fleurs de l'étain contre les suffocations de matrice 62
    II. — Poudre excellente pour la suffusion des yeux préparé avec l'étain. 63

CHAPITRE VII — du plomb
    I. — Préparation du Saturne expérimentée contre la lèpre des corps humains, et métalliques, et dont on peut faire un olympique dissolvant 65
    II. — Autre dissolvant de l'or par les glaçons de Saturne . 69
    III. — Huile de Saturne 71
    IV. — Autre excellente huile de Saturne 72
    V. — Fleurs de Saturne qui sont un remède spécifique aux ophtalmies. 73
    VI. — Extraction du mercure de Saturne. 74
    VII. — Autre façon d'extraire le Mercure de Saturne . . . 74
    VIII. — Manière de faire le verre de Saturne 75

CHAPITRE VIII — du mercure
    I. — Purification du Mercure. 79
    II. — Autre purification du Mercure 80
    III. — Sublimation de Mercure 80
    IV. — Autre sublimation du Mercure 82
    V. — Excellents précipités de Mercure 83
    VI. — Autre excellent précipité de Mercure, de la composition et de l'usage du sieur de la Violette . . . 84
    VII. — Précipité de Mercure sans eau forte. 86

VIII. — Mercure précipité rouge par le moyen de l'or . . 87
IX. — Mercure précipité au rouge par le moyen de la chaux vive 88
X. — Mercure précipité en toutes sortes de couleurs . . . 89
XI. — Mercure précipité diaphorétique 89
XII. — Autre Mercure précipité diaphorétique et fixe . . 90
XIII. — Turbith minéral 92
XIV. — Autre turbith minéral 92
XV. — Autre turbith minéral d'un excellent Médecin Flamand 94
XVI. — Mercure essencifié 95
XVII. — Mercure de vie 96
XVIII. — Autre Mercure de vie 97
XIX. — Huile de Mercure douce 97
XX. — Autre excellente huile de Mercure douce 99
XXI. — Eau mercurielle 99
XXII. — Autre eau mercurielle 100
XXIII. — Autre eau mercurielle, ou Lait virginal du Mercure sublimé 101

TRAITÉ DE LA MÉDECINE MINÉRALE DE L'ANTIMOINE

CHAPITRE I — de l'antimoine
I. — Élixir d'Antimoine 105
II. — Essence d'Antimoine 107
III. — Autre essence d'Antimoine 108
IV. — Précipité d'Antimoine 109
V. — Sudorifique d'Antimoine 109
VI. — Crocus ou soufre d'Antimoine 110

VII. — Teinture mixte d'Antimoine 111
VIII. — Fleurs d'Antimoine 112
IX. — Régule d'Antimoine. 112
X. — Cristaux d'Antimoine 113
XI. — Sel d'Antimoine. 114
XII. — Huile d'antimoine 115
XIII. — Autre huile d'Antimoine. 117
XIV. — Mercure d'Antimoine 118
CHAPITRE II — du vitriol
   I. — Magistère de Vitriol. 119
   II. — Séparation et conjonction des éléments du vitriol pour une médecine universelle 120
   III. — Extraction du vitriol de tous les métaux. 121
   IV. — Extraction du soufre de vitriol. 122
   V. — Crocus Martis du vitriol 123
   VI. — Excellente huile de vitriol 123
   VII. — Huile de vitriol et du se tout ensemble 124
   VIII. — Huile douce de vitriol 125
   IX. — Autre huile douce de vitriol 126
CHAPITRE III — du soufre
   I. — Baume de soufre souverain à toutes affections de poumon 127
   II. — Fleurs de soufre 128
   III. — Mortification du soufre 128
   IV. — Teinture de soufre rouge. 129
   V. — Huile de soufre rouge, contre la peste 129
   VI. — Autre huile de soufre rouge 130
CHAPITRE IV — de l'arsenic
   I. — Préparation de l'Arsenic. 131

II. — Sublimation de l'arsenic 132
CHAPITRE V — du cinabre
   I. — Cinabre minéral 134
   II. — Extraction du Mercure du Cinabre commun. . . .135
   III. — Cinabre d'Antimoine 136
CHAPITRE VI — des pierres précieuses
   I. — Essence de coraux et de perles. 137
   II. — Dissolution perles par le vinaigre de Saturne. . . .138
   III. — Magistère de perles et de coraux. 139
   IV. — Essence des pierres médicinales 140
   V. — Essence de l'Hématite. 140
   VI. — Essence de Hyacinthe 141
CHAPITRE VII — du cristal
   Huile de Cristal pour le calcul 142
CHAPITRE VIII — du talc
   I. — Préparation du Talc avec la manière de le redoute
      en huile 143
   II. — Autre huile de Talc. 144
   III. — Autre excellente huile de Talc 145

SECRETS PARTICULIERS

   I. — L'eau antipodagrique de l'Auteur 151
   II. — Le vrai Laudanum ou Nepenthes de l'Auteur . . .154
   III. — L'Élixir ou Mercure de vie de l'Auteur. 157
   IV. — La Panacée de l'Auteur 158
   V. — La grande Panacée ou l'Anodin polychreste de
      Montanus 163

www.ingramcontent.com/pod-product-compliance
Lightning Source LLC
LaVergne TN
LVHW051121080426
835510LV00018B/2168